Todos los libros de Linkgua Ediciones cuentan con modelos de Inteligencia Artificial entrenados por hispanistas. Pregúntale al chat de tu libro lo que desees acerca de la obra o su autor/a.

Para ebooks: Accede a nuestro modelo de IA a través de un enlace.

Para libros impresos: Escanea el código QR de la portada con tu dispositivo móvil.

Obtén análisis detallados de nuestros libros, resúmenes, respuestas a tus preguntas y accede a nuestras ediciones críticas generativas para una experiencia de lectura más enriquecedora.
La transparencia y el respeto hacia la autoría de las fuentes utilizadas son distintivos básicos de nuestro proyecto. Por ello, las respuestas ofrecen, mediante un sistema de citas, las fuentes con las que han sido elaboradas.

Pedro Antonio de Alarcón

El capitán Veneno

Barcelona 2025
Linkgua-ediciones.com

Créditos

Título original: El capitán Veneno.

e-mail: info@linkgua.com

Diseño de cubierta: Michel Mallard.

ISBN rústica ilustrada: 978-84-9897-406-5.
ISBN tapa dura: 978-84-1126-687-1.
ISBN rústica: 978-84-96428-30-0.
ISBN ebook: 978-84-9897-195-8.

Sumario

Brevísima presentación

La vida

Pedro Antonio de Alarcón (Guadix, Granada, 1833-Madrid, 1891). España.

Hizo periodismo y literatura. Su actividad antimonárquica lo llevó a participar en el grupo revolucionario granadino «la cuerda floja».

Intervino en un levantamiento liberal en Vicálvaro, en 1854, y —además de distribuir armas entre la población y ocupar el Ayuntamiento y la Capitanía general— fundó el periódico La Redención, con una actitud hostil al clero y al ejército. Tras el fracaso del levantamiento, se fue a Madrid y dirigió El Látigo, periódico de carácter satírico que se distinguió por sus ataques a la reina Isabel II.

Sus convicciones republicanas lo implicaron en un duelo que trastornó su vida, desde entonces adoptó posiciones conservadoras.

La trama

Esta novela relata la convalecencia del monárquico capitán Veneno con doña Teresa Carrillo de Albornoz, viuda; Angustias, su hija, y una criada gallega, tras ser herido en un enfrentamiento entre el Ejército Monárquico y el Republicano en una calle de Madrid.

Tras el primer mes de convalecencia el capitán no oculta su odio a las mujeres que lo cuidan, pero Angustias (quien está a su cargo), intenta sobrellevar la situación con enorme tolerancia...

Al señor don Manuel Tamayo Baus

Secretario perpetuo de la Real Academia Española.

Mi muy querido Manuel:
Hace algunas semanas que, entreteniendo nuestros ocios caniculares en esta sosegada villa de Valdemoro, de donde ya vamos a regresar a la vecina corte, hube de referirte la historia de El capitán Veneno, tal y como vivía inédita en el archivo de mi imaginación; y recordarás que, muy prendado del asunto, me excitaste con vivas instancias a que la escribiese, en la seguridad (fueron tus bondadosas palabras) de que me daría materia para una interesante obra.

Ya está la obra escrita, y hasta impresa; y ahí te la envío. Celebraré no haber defraudado tus esperanzas; y, por sí o por no, te la dedico estratégicamente, poniendo bajo el amparo de tu glorioso nombre, ya que no la forma literaria, el fondo, que tan bueno te pareció, de la historia de mi capitán Veneno.

Adiós, generoso hermano. Sabes cuánto te quiere y te admira tu afectísimo hermano menor,

Pedro
Valdemoro, 20 de septiembre de 1881

Parte I. Heridas en el cuerpo

I. Un poco de historia política

La tarde del 26 de marzo de 1848 hubo tiros y cuchilladas en Madrid entre un puñado de paisanos que, al expirar, lanzaban el hasta entonces extranjero grito de ¡Viva la República!, y el Ejército de la Monarquía española (traído o creado por Ataulfo, reconstituído por don Pelayo y reformado por Trastamara), de que a la sazón era jefe visible, en nombre de Doña Isabel II, el Presidente del Consejo de Ministros y Ministro de la Guerra, don Ramón María Narváez...

Y basta con esto de historia y de política, y pasemos a hablar de cosas menos sabidas y más amenas, a que dieron origen o coyuntura aquellos lamentables acontecimientos.

II. Nuestra heroína

En el piso bajo de la izquierda de una humilde pero graciosa y limpia casa de la calle de Preciados, calle muy estrecha y retorcida en aquel entonces, y teatro de la refriega en tal momento, vivían solas, esto es, sin la compañía de hombre ninguno, tres buenas y piadosas mujeres, que mucho se diferenciaban entre sí en cuanto al sér físico y estado social, puesto que éranse que se eran una señora mayor, viuda, guipuzcoana, de aspecto grave y distinguido; una hija suya, joven, soltera, natural de Madrid y bastante guapa, aunque de tipo diferente al de la madre (lo cual daba a entender que había salido en todo a su padre); y una doméstica, imposible de filiar o describir, sin edad, figura ni casi sexo determinables, bautizada, hasta cierto punto, en Mondoñedo, y a la cual ya hemos hecho demasiado favor (como también se lo hizo aquel señor Cura) con reconocer que pertenecía a la especie humana...

La mencionada joven parecía el símbolo o representación, viva y con faldas, del sentido común: tal equilibrio había entre su hermosura y su naturalidad, entre su elegancia y sencillez, entre su gracia y modestia. Facilísimo era que pasase inadvertida por la vía pública, sin alborotar a los galanteadores de oficio, pero imposible que nadie dejara de admirarla y prendarse de sus múltiples encantos, luego que fijase en ella la atención. No era, no (ó, por mejor decir, no quería ser), una de esas beldades llamativas aparatosas, fulminantes, que atraen todas las miradas no bien se presentan en un salón, teatro o paseo y que comprometen o anulan al pobrete que las acompaña, sea novio, sea marido, sea padre, sea el mismísimo preste Juan de las Indias... Era un conjunto sabio y armónico, de perfecciones físicas y morales, cuya prodigiosa regularidad no entusiasmaba al pronto, como no entusiasman la paz ni el orden; o como acontece con los monumentos bien proporcionados, donde nada nos choca ni maravilla hasta que formamos juicio de que, si todo resulta llano, fácil y natural, consiste en que todo es igualmente bello. Dijérase que aquella diosa honrada de la clase media había estudiado su modo de vestirse, de peinarse, de mirar, de moverse, de conllevar, en fin, los tesoros de su espléndida juventud en tal forma y manera, que no se la creyese pagada de sí misma, ni presuntuosa ni incitante, sino muy diferente de las deidades por casar que hacen feria de sus hechizos y van por esas calles de Dios diciendo a todo el mundo: Esta casa se vende... o se alquila.

Pero no nos detengamos en floreos ni dibujos, que es mucho lo que tenemos que referir, y poquísimo el tiempo de que disponemos.

III. Nuestro héroe

Los republicanos disparaban contra la tropa desde la esquina de la calle de Peregrinos, y la tropa disparaba contra los republicanos desde la Puerta del Sol, de modo y forma que las balas de una y otra procedencia pasaban por delante de las ventanas del referido piso bajo, si ya no era que iban a dar en los hierros de sus rejas, haciéndolos vibrar con estridente ruido e hiriendo de rechazo persianas, maderas y cristales.

Igualmente profundo, aunque vario en su naturaleza y expresión, era el terror que sentían la madre... y la criada. Temía la noble viuda, primero por su hija, después por el resto del género humano, y en último término por sí propia; y temía la gallega, ante todo, por su querido pellejo; en segundo lugar, por su estómago y por el de sus amas, pues la tinaja de agua estaba casi vacía y el panadero no había aparecido con el pan de la tarde, y en tercer lugar, un poquitillo por los soldados o paisanos hijos de Galicia que pudieran morir o perder algo en la contienda. Y no hablamos del terror de la hija, porque, ya lo neutralizase la curiosidad, ya no tuviese acceso en su alma, más varonil que femenina, era el caso que la gentil doncella, desoyendo consejos y órdenes de su madre, y lamentos o aullidos de la criada, ambas escondidas en los aposentos interiores, se escurría de vez en cuando a las habitaciones que daban a la calle, y hasta abría las maderas de alguna reja, para formar exacto juicio del ser y estado de la lucha.

En una de esas asomadas, peligrosas por todo extremo, vio que las tropas habían avanzado hasta la puerta de aquella casa, mientras que los sediciosos retrocedían hasta la plaza de Santo Domingo, no sin continuar haciendo fuego por escalones con admirable serenidad y bravura. Y vio asimismo que a la cabeza de los soldados, y aun de los oficiales y jefes, se distinguía por su enérgica y denodada actitud y por las ardorosas frases con que los arengaba a todos, un hombre como de cuarenta años, de porte fino y elegante, y delicada y bella, aunque dura, fisonomía; delgado y fuerte como un manojo de nervios; más bien alto que bajo, y vestido medio de paisano, medio de militar. Queremos decir que llevaba gorra de cuartel con los tres galoncillos de la insignia de capitán; levita y pantalón civiles, de paño negro; sable de oficial de infantería y canana y escopeta de cazador... no del ejército, sino de conejos y perdices.

Mirando y admirando estaba precisamente la madrileña a tan singular personaje, cuando los republicanos hicieron una descarga sobre él, por considerarlo sin duda más temible que todos los otros, o suponerlo general, ministro o cosa así, y el pobre capitán, o lo que fuera, cayó al suelo, como herido de un rayo y con la faz bañada en sangre, en tanto que los revoltosos huían alegremente, muy satisfechos de su hazaña, y que los soldados echaban a correr detrás de ellos anhelando vengar al infortunado caudillo...

Quedó, pues, la calle sola y muda, y en medio de ella, tendido y desangrándose, aquel buen caballero, que acaso no había expirado todavía, y a quien manos solícitas y piadosas pudieran tal vez librar de la muerte... La joven no vaciló un punto: corrió adonde estaban su madre y la doméstica; explicóles el caso; díjoles que en la calle de Preciados no había ya tiros; tuvo que batallar, no tanto con los prudentísimos reparos de la generosa guipuzcoana, como con el miedo puramente animal de la informe gallega, y a los pocos minutos las tres mujeres transportaban en peso a su honesta casa, y colocaban en la alcoba de honor de la salita principal, sobre la lujosa cama de la viuda, el insensible cuerpo de aquel que, si no fue el verdadero protagonista de la jornada del 26 de marzo, va a serlo de nuestra particular historia.

IV. El pellejo propio y el ajeno

Poco tardaron en conocer las caritativas hembras que el gallardo capitán no estaba muerto, sino meramente privado del conocimiento y sentidos por resultas de un balazo que le había dado de refilón en la frente, sin profundizar casi nada en ella. Conocieron también que tenía atravesada y acaso fracturada la pierna derecha, y que no debía descuidarse ni por un momento aquella herida, de la cual fluía mucha sangre. Conocieron, en fin, que lo único verdaderamente útil y eficaz que podían hacer por el desventurado era llamar en seguida a un facultativo.

—Mamá —dijo la valerosa joven—, a dos pasos de acá, en la acera de enfrente, vive el doctor Sánchez... ¡Que Rosa vaya y lo haga venir! Todo es asunto de un momento, y sin que en ello se corra ningún peligro...

En eso sonó un tiro muy próximo, al que siguieron cuatro o seis, disparados a un tiempo y a mayor distancia. Después volvió a reinar profundo silencio.

—¡Yo no voy! —gruñó la criada—. Esos que oyéronse ahora fueron también tiros, y las señoras no querrán que me fusilen al cruzar la calle.

—¡Tonta! ¡En la calle no ocurre nada! —replicó la joven, quien acababa de asomarse a una de las rejas.

—¡Quítate de ahí, Angustias! —gritó la madre, reparando en ello.

—El tiro que sonó primero —prosiguió diciendo la llamada Angustias— y a quien han contestado las tropas de la Puerta del Sol, debió de dispararlo desde la guardilla del número 19 un hombre muy feo, a quien estoy viendo volver a cargar el trabuco... Las balas, por consiguiente, pasan ahora muy altas y no hay peligro ninguno en atravesar la calle. ¡En cambio, fuera la mayor de las infamias que dejáramos morir a este desgraciado por ahorrarnos una ligera molestia!

—Yo iré a llamar al médico —dijo la madre, acabando de vendar a su modo la pierna rota del capitán.

—¡Eso no! —gritó la hija, entrando en la alcoba—. ¿Qué se diría de mí? ¡Iré yo, que soy más joven y ando más de prisa! ¡Bastante has padecido tú ya en este mundo con las dichosas guerras!

—Pues, sin embargo, ¡tú no vas! —repitió imperiosamente la madre.

—¡Ni yo tampoco! —añadió la criada.

—¡Mamá, déjame ir! ¡Te lo pido por la memoria de mi padre! ¡Yo no tengo alma para ver desangrarse a este valiente, cuando podemos salvarlo! ¡Mira, mira de qué poco le sirven tus vendas!... La sangre gotea ya por debajo de los colchones.

—¡Angustias! ¡Te he dicho que no vayas!

—No iré, si no quieres; pero madre mía, piensa en que mi pobre padre, tu noble y valeroso marido, no habría muerto, cuando murió, desangrado, en medio de un bosque, la noche de una acción, si alguna mano misericordiosa hubiese restañado la sangre de sus heridas...

—¡Angustias!

—Mamá... ¡Déjame! ¡Yo soy tan aragonesa como mi padre, aunque he nacido en este pícaro Madrid! Además, no creo que a las mujeres se nos haya otorgado ninguna bula, dispensándonos de tener tanta vergüenza y tanto valor como los hombres.

Así dijo aquella buena moza; y no se había repuesto su madre de asombro, acompañado de sumisión moral o involuntario aplauso, que le produjo tan soberano arranque, cuando Angustias estaba ya cruzando impávidamente la calle de Preciados.

V. Trabucazo

—Mire usted, señora! ¡Mire qué hermosa va! —exclamó la gallega, batiendo palmas y contemplando desde la reja a nuestra heroína...

Pero ¡ay!, en aquel mismo instante sonó un tiro muy próximo; y como la pobre viuda, que también se había acercado a la ventana, viera a su hija detenerse y tentarse la ropa, lanzó un grito desgarrador y cayó de rodillas, casi privada de sentido.

—¡No diéronle! ¡No diéronle! —gritaba en tanto la sirvienta—. ¡Ya entra en la casa de enfrente! Repórtese la señora...

Pero ésta no la oía. Pálida como una difunta, luchaba con su abatimiento, hasta que, hallando fuerzas en el propio dolor, alzóse medio loca y corrió a la calle..., en medio de la cual se encontró con la impertérrita Angustias, que ya regresaba seguida del médico.

Con verdadero delirio se abrazaron y besaron madre e hija, precisamente sobre el arroyo de sangre vertida por el capitán, y entraron al fin en la casa, sin que en aquellos primeros momentos se enterase nadie de que las faldas de la joven estaban agujereadas por el alevoso trabucazo que le disparó el hombre de la guardilla al verla atravesar la calle...

La gallega fue quien, no solo reparó en ello, sino que tuvo la crueldad de pregonarlo.

—¡Diéronle! ¡Diéronle! —exclamó con su gramática de Mondoñedo—. ¡Bien hice yo en no salir! ¡Buenos forados habrían abierto las balas en mis tres refajos!

Imaginémonos un punto el renovado terror de la pobre madre, hasta que Angustias la convenció de que estaba ilesa. Básteos saber que, según iremos viendo, la infeliz guipuzcoana no había de gozar hora de salud desde aquel espantoso día... Y acudamos ahora al malparado capitán, a ver qué juicio forma de sus heridas el diligente y experto doctor Sánchez.

VI. Diagnóstico y pronóstico

Envidiable reputación tenía aquel facultativo, y justificóla de nuevo en la rápida y feliz primera cura que hizo a nuestro héroe, restañando la sangre de sus heridas con medicinas caseras, y reduciéndole y entablillándole la fractura de la pierna sin más auxiliares que las tres mujeres. Pero como expositor de su ciencia, no se lució tanto, pues el buen hombre adolecía del vicio oratorio de Pero Grullo.

Desde luego respondió que el capitán no moriría, «dado que saliese antes de veinticuatro horas de aquel profundo amodorramiento», indicio de una grave conmoción cerebral, causada por la lesión que en la frente le había producido un proyectil oblicuo (disparado con arma de fuego, sin quebrantarle, aunque sí contundiéndole, el hueso frontal), «precisamente en el sitio en que tenía la herida, a consecuencia de nuestras desgraciadas discordias civiles y de haberse mezclado aquel hombre en ellas»; añadiendo en seguida, por vía de glosa, que si la susodicha conmoción cerebral no cesaba dentro del plazo marcado, el capitán moriría sin remedio, «en señal de haber sido demasiado fuerte el golpe del proyectil; y que, respecto a si cesaría o no cesaría la tal conmoción antes de las veinticuatro horas, se reservaba su pronóstico hasta la tarde siguiente».

Dichas estas verdades de a folio, recomendó muchísimo, y hasta con pesadez (sin duda por conocer bien a las hijas de Eva), que cuando el herido recobrase el conocimiento no le permitieran hablar, ni le hablaran ellas de cosa alguna, por urgente que les pareciese entrar en conversación con él; dejó instrucciones verbales y recetas escritas para todos los casos y accidentes que pudieran sobrevenir; quedó en volver al otro día, aunque también hubiese tiros, a fuer de hombre tan cabal como buen médico y como inocente orador, y se marchó a su casa, por si le llamaban para otro apuro semejante; no, empero, sin aconsejar a la conturbada viuda que se acostara temprano, pues no tenía el pulso en caja, y era muy posible que le entrase una poca fiebre al llegar la noche... (que ya había llegado).

VII. Expectación

Serían las tres de la madrugada, y la noble señora, aunque, en efecto, se sentía muy mal, continuaba a la cabecera de su enfermo huésped, desatendiendo los ruegos de la infatigable Angustias, quien, no solo velaba también, sino que todavía no se había sentado en toda la noche.

Erguida y quieta como una estatua, permanecía la joven al pie del ensangrentado lecho, con los ojos fijos en el rostro blanco y afilado, semejante al de un Cristo de marfil, de aquel valeroso guerrero a quien tanto admiró por la tarde, y de esta manera esperaba con visible zozobra a que el sin ventura despertara de aquel profundo letargo, que podía terminar en la muerte.

La dichosísima gallega era quien roncaba, si había que roncar, en la mejor butaca de la sala, con la vacía frente clavada en las rodillas, por no haber caído en la cuenta de que aquella butaca tenía un espaldar muy a propósito para reclinar en él el occipucio.

Varias observaciones o conjeturas habían cruzado la madre y la hija, durante aquella larga velada, acerca de cuál podría ser la calidad originaria del capitán, cuál su carácter, cuáles sus ideas y sentimientos. Con la nimiedad de atención que no pierden las mujeres ni aun en las más terribles y solemnes circunstancias, habían reparado en la finura de la camisa, en la riqueza del reloj, en la pulcritud de la persona y en las coronitas de marqués de los calcetines del paciente. Tampoco dejaron de fijarse en una muy vieja medalla de oro que llevaba al cuello bajo sus vestiduras, ni en que aquella medalla representaba a la Virgen del Pilar de Zaragoza; de todo lo cual se alegraron sobremanera, sacando en limpio que el capitán era persona de clase y de buena y cristiana educación. Lo que naturalmente respetaron fue el interior de sus bolsillos, donde tal vez habría cartas o tarjetas que declarasen su nombre y las señas de su casa; declaraciones que esperaban en Dios podría hacerles él mismo cuando recobrase el conocimiento y la palabra, en señal de que le quedaban días que vivir...

Mientras tanto, y aunque la refriega política había concluído por entonces, quedando victoriosa la Monarquía, oíase de tiempo en tiempo, ora algún tiro remoto y sin contestación, como solitaria protesta de tal o cual republicano no convertido por la metralla, ora el sonoro trotar de las patrullas de caballería que rondaban, asegurando el orden público; rumores ambos lúgubres y fatídicos, muy tristes de escuchar desde la cabecera de un militar herido y casi muerto.

VIII. Inconvenientes de la «Guía de Forasteros»

Así las cosas, y a poco de sonar las tres y media en el reloj del Buen Suceso, el capitán abrió súbitamente los ojos; paseó una hosca mirada por la habitación, fijóla sucesivamente en Angustias y en su madre, con cierta especie de temor pueril, y balbuceó desapaciblemente:

—¿Dónde diablos estoy?

La joven se llevó un dedo a los labios, recomendándole que guardara silencio; pero a la viuda le había sentado muy mal la segunda palabra de aquella interrogación, y apresuróse a responder:

—Está usted en un lugar honesto y seguro, o sea en casa de la generala Barbastro, condesa de Santurce, servidora de usted

—¡Mujeres! ¡Qué diantre!... —tartamudeó el capitán, entornando los ojos, como si volviese a su letargo...

Pero muy luego se notó que ya respiraba con la libertad y la fuerza del que duerme tranquilo.

—¡Se ha salvado! —dijo Angustias muy quedamente—. Mi padre estará contento de nosotras.

—Rezando estaba por su alma... —contestó la madre—. ¡Aunque ya ves que el primer saludo de nuestro enfermo nos ha dejado mucho que desear!

—Me sé de memoria —profirió con lentitud el capitán, sin abrir los ojos— el Escalafón del Estado Mayor General del Ejército español, inserto en la Guía de Forasteros, y en él no figura, ni ha figurado en este siglo ningún general Barbastro.

—¡Le diré a usted..! —exclamó vivamente la viuda—. Mi difunto marido...

—No le contestes ahora, mamá... —interrumpió la joven, sonriéndose—. Está delirando, y hay que tener cuidado con su pobre cabeza. ¡Recuerda los encargos del doctor Sánchez!

El capitán abrió sus hermosos ojos; miró a Angustias muy fijamente, y volvió a cerrarlos, diciendo con mayor lentitud:

—¡Yo no deliro nunca, señorita! ¡Lo que pasa es que digo siempre la verdad a todo el mundo, caiga el que caiga!

Y dicho esto, sílaba por sílaba, suspiró profundamente, como muy fatigado de haber hablado tanto, y comenzó a roncar de un modo sordo, cual si agonizase.

—¿Duerme usted, capitán? —le preguntó muy alarmada la viuda.

El herido no respondió.

IX. Más inconvenientes de la «Guía de Forasteros»

—Dejémosle que repose... —dijo Angustias en voz baja, sentándose al lado de su madre—. Y supuesto que ahora no puede oirnos, permíteme, mamá, que te advierta una cosa... Creo que no has hecho bien en contarle que eres condesa y generala...

—¿Por qué?

—Porque..., bien lo sabes, no tenemos recursos suficientes para cuidar y atender a una persona como ésta, del modo que lo harían condesas y generalas de verdad.

—¿Qué quiere decir de verdad? —exclamó vivamente la guipuzcoana—. ¿También tú vas a poner en duda mi categoría? ¡Yo soy tan condesa como la de Montijo, y tan generala como la de Espartero!

—Tienes razón; pero hasta que el Gobierno resuelva en este sentido el expediente de tu viudedad, seguiremos siendo muy pobres...

—¡No tan pobres! Todavía me quedan mil reales de los pendientes de esmeraldas, y tengo una gargantilla de perlas con broches de brillantes, regalo de mi abuelo, que vale más de quinientos duros, con los cuales nos sobra para vivir hasta que se resuelva mi expediente, que será antes de un mes, y para cuidar a este hombre como Dios manda aunque la rotura de la pierna le obligue a estar acá dos o tres meses... Ya sabes que el oficial del Consejo opina que me alcanzan los beneficios del artículo 10 del Convenio de Vergara; pues, aunque tu padre murió con anterioridad, consta que ya estaba de acuerdo con Maroto...

—Santurce... Santurce... ¡Tampoco figuraba este condado en la Guía de Forasteros! —murmuró borrosamente el capitán, sin abrir los ojos.

Y luego, sacudiendo de pronto su letargo, y llegando hasta incorporarse en la cama, dijo con voz entera y vibrante, como si ya estuviese bueno:

—¡Vamos claros, señora! Yo necesito saber dónde estoy y quiénes son ustedes... ¡A mí no me gobierna ni me engaña nadie! ¡Diablo, y cómo me duele esta pierna!

—Señor capitán, ¡usted nos insulta! —exclamó la Generala destempladamente.

—¡Vaya, capitán!... Estése usted quieto y calle... —dijo al mismo tiempo Angustias con suavidad, aunque con enojo—. Su vida correrá mucho peligro si no guarda usted silencio o si no permanece inmóvil. Tiene usted rota la pierna derecha y una herida en la frente que le ha privado a usted de sentido más de diez horas...

—¡Es verdad! —exclamó el raro personaje, llevándose las manos a la cabeza y tentando las vendas que le había puesto el médico—. ¡Esos pícaros me han herido! Pero, ¿quién ha sido el imprudente que me ha traído a una casa ajena, teniendo yo la mía y habiendo hospitales militares y civiles? ¡A mí no me gusta incomodar a nadie, ni deber favores, que maldito si merezco ni quiero merecer! Yo estaba en la calle de Preciados...

—Y en la calle de Preciados está usted, número 14, cuarto bajo... —interrumpió la guipuzcoana, desentendiéndose de las señas que le hacía su hija para que callase—. ¡Nosotras no necesitamos que nos agradezca usted cosa alguna, pues no hemos hecho ni haremos más que lo que manda Dios y la caridad ordena! Por lo demás, está usted en una casa decente. Yo soy doña Teresa Carrillo de Albornoz y Azpeitia, viuda del general carlista don Luis Gonzaga de Barbastro, convenido en Vergara... (¿Entiende usted? Convenido en Vergara, aunque fuese de un modo virtual, retrospectivo e implícito, como en mis instancias se dice). El cual debió su título de conde de Santurce a un real nombramiento de don Carlos V, que tiene que revalidar Doña Isabel II, al tenor del artículo 10 del Convenio de Vergara. ¡Yo no miento nunca, ni uso nombres supuestos, ni me propongo con usted otra cosa que cuidarlo y salvar su vida, ya que la Providencia me ha confiado este encargo!...

—Mamá, no le des cuerda... —observó Angustias—. Ya ves que, en lugar de aplacarse, se dispone a contestarte con mayor ímpetu... ¡Y es que el pobre está malo... y tiene la cabeza débil! ¡Vamos, señor capitán, tranquilícese usted y mire por su vida!...

Tal dijo la noble doncella con su gravedad acostumbrada. Pero el capitán no se amansó por ello, sino que la miró de hito en hito con mayor furia, como acosado jabalí a quien arremete nuevo y más terrible adversario, exclamó valerosísimamente:

Señorita!... En primer lugar, yo no tengo la cabeza débil, ni la he tenido nunca, y prueba de ello es que no ha podido atravesármela una bala. En segundo lugar, siento muchísimo que me hable usted con tanta conmiseración y blandura; pues yo no entiendo de suavidades, zalamerías ni melindres. Perdone usted la rudeza de mis palabras, pero cada uno es como Dios lo ha criado y a mí no me gusta engañar a nadie. ¡No sé por qué ley de mi naturaleza prefiero que me peguen un tiro a que me traten con bondad! Advierto a ustedes, por consiguiente, que no me cuiden con tanto mimo, pues me harán reventar en esta cama en que me ha atado mi mala ventura... Yo no he nacido para recibir favores, ni para agradecerlos o pagarlos; por lo cual he procurado siempre no tratar con mujeres, ni con niños, ni con santurrones, ni con ninguna otra gente pacífica y dulzona... Yo soy un hombre atroz, a quien nadie ha podido aguantar, ni de muchacho, ni de joven, ni de viejo, que principio a ser. ¡A mí me llaman en todo Madrid el capitán Veneno! Conque pueden ustedes acostarse y disponer, en cuanto sea de día, que me conduzcan en una camilla al Hospital General. He dicho.

—¡Jesús, qué hombre! —exclamó horrorizada doña Teresa.

—¡Así debían de ser todos! —respondió el capitán—. ¡Mejor andaría el mundo o ya se habría parado hace mucho tiempo!

Angustias volvió a sonreírse.

—¡No se sonría usted, señorita; que eso es burlarse de un pobre enfermo, incapacitado de huir para librarla a usted de su presencia! —continuó diciendo el herido, con algún asomo de melancolía—. ¡Harto sé que les pareceré a ustedes muy malcriado; pero crean que no lo siento mucho! ¡Sentiría, por el contrario, que me estimasen ustedes digno de aprecio, y que luego me acusen de haberlas tenido en un error! ¡Oh! Si yo cogiera al infame que me ha traído a esta casa, nada más que a fastidiar a ustedes y a deshonrarme...

—Trajímosle en peso yo y la señora y la señorita... —pronunció la gallega, a quien habían despertado y atraído las voces de aquel energúmeno—. El señor estaba desangrándose a la puerta de casa, y entonces la señorita se ha condolido de él. Yo también me condolí algo. Y como también se había condolido la señora, cargamos entre las tres con el señor, ¡que vaya si pesa, tan cenceño como parece!

El capitán había vuelto a amostazarse al ver en escena a otra mujer; pero la relación de la gallega le impresionó tanto, que no pudo menos de exclamar:

—¡Lástima que no hayan ustedes hecho esa buena obra por un hombre mejor que yo! ¿Qué necesidad tenían de conocer el empecatado capitán Veneno?

Doña Teresa miró a su hija, como para significarle que aquel hombre era mucho menos malo y feroz de lo que él creía, y se halló con que Angustias seguía sonriéndose con exquisita gracia, en señal de que opinaba lo mismo.

Entretanto, la elegiaca gallega decía lacrimosamente:

—¡Pues más lástima le daría al señor si supiese que la señorita fue en persona a llamar al médico para que curase esos dos balazos, y que, cuando la pobre iba por mitad del arroyo, tiráronle un tiro que..., mire usted.., le ha agujereado la basquiña!

—Yo no se lo hubiera contado a usted nunca, señor capitán, por miedo de irritarlo... (expuso la joven, entre modesta y burlona, o sea bajando los ojos y sonriendo con mayor gracia que antes). Pero como esta Rosa se lo habla todo, no puedo menos que suplicar a usted me perdone el susto que causé a mi querida madre, y que todavía tiene a la pobre con calentura.

El capitán estaba espantado, con la boca abierta, mirando alternativamente a Angustias, a doña Teresa y a la criada, y cuando la joven dejó de hablar, cerró los ojos, dio una especie de rugido y exclamó, levantando al cielo los puños:

—¡Ah, crueles! ¡Cómo siento el puñal en la herida! ¿Conque las tres os habéis propuesto que sea vuestro esclavo o vuestro hazmerreir? ¿Conque tenéis empeño en hacerme llorar o decir ternezas? ¿Conque estoy perdido si no logro escaparme? ¡Pues me escaparé! ¡No faltaba más sino que, al cabo de mis años, viniera yo a ser juguete de la tiranía de tres mujeres de bien! ¡Señora! —prosiguió con gran énfasis, dirigiéndose a la viuda—. ¡Si ahora mismo no se acuesta usted, y no toma, después de acostada, una taza de tila con flor de azahar, me arranco todos estos vendajes y trapajos, y me muero en cinco minutos, aunque Dios no quiera! En cuanto a usted, señorita Angustias, hágame el favor de llamar al sereno y decirle que vaya en casa del marqués de los Tomillares, Carrera de San Francisco número..., y le participe que su primo don Jorge de Córdoba le espera en esta casa gravemente herido. Enseguida se acostará usted también, dejándome en poder de esta insoportable gallega, que me dará de vez en cuando agua con azúcar, único socorro que necesitaré hasta que venga mi primo Álvaro. Conque lo dicho, señora condesa: principie usted por acostarse.

La madre y la hija se guiñaron, y la primera respondió apaciblemente:

—Voy a dar a usted el ejemplo de obediencia y de juicio. Buenas noches, señor capitán; hasta mañana.

—También yo quiero ser obediente... —añadió Angustias, después de apuntar el verdadero nombre del capitán Veneno y las señas de la casa de su primo—. Pero como tengo mucho sueño, me permitirá usted que deje para mañana el enviar ese atento recado al señor Marqués de los Tomillares. Buenos días, señor don Jorge; hasta luego. ¡Cuidadito con no moverse!

—¡Yo no me quedo sola con este señor! —gritó la gallega—. ¡Su genio de demonio póneme el cabello de punta, y háceme temblar como una cervata!

—Descuida, hermosa... —respondió el capitán—; que contigo seré más dulce y amable que con tu señorita.

Doña Teresa y Angustias no pudieron menos que soltar la carcajada al oir esta primera salida de buen humor de su inaguantable huésped.

Y véase por qué arte y modo escenas tan lúgubres y trágicas como las de aquella tarde y aquella noche, vinieron a tener por remate y coronamiento un poco de júbilo y alegría. ¡Tan cierto resulta que en este mundo todo es fugaz, y transitorio, así la felicidad como el dolor, ó, por mejor decir, que de tejas abajo no hay bien ni mal que cien años dure!

Parte II. Vida del hombre malo

I. La segunda cura

A las ocho de la mañana siguiente, que, por la misericordia de Dios, no ofreció ya señales de barricadas ni de tumulto (misericordia que había de durar hasta el 7 de mayo de aquel mismo año, en que ocurrieron las terribles escenas de la Plaza Mayor), hallábase el doctor Sánchez en casa de la llamada condesa de Santurce poniendo el aparato definitivo en la pierna rota del capitán Veneno.

A éste le había dado aquella mañana por callar. Solo había abierto hasta entonces la boca antes de comenzarse la dolorosa operación, para dirigir dos breves y ásperas interpelaciones a doña Teresa y a Angustias, contestando a sus afectuosos buenos días.

—¡Por los clavos de Cristo, señora! ¿Para qué se ha levantado usted estando mala? ¿Para que sean mayores mi sofocación y mi vergüenza? ¿Se ha propuesto usted matarme a fuerza de cuidados?

Y dijo a Angustias:

—¿Qué importa que yo esté mejor o peor? ¡Vamos al grano! ¿Ha enviado usted a llamar a mi primo para que me saquen de aquí y nos veamos todos libres de impertinencias y ceremonias?

—¡Sí, señor capitán Veneno! Hace media hora que la portera le llevó el recado... —contestó muy tranquilamente la joven, arreglándole las almohadas.

En cuanto a la inflamable Condesa, excusado es decir que había vuelto a picarse con su huésped, al oir aquellos nuevos exabruptos. Resolvió, por tanto, no dirigirle más la palabra, y se limitó a hacer hilas y vendas y a preguntar una vez y otra, con vivo interés, al impasible doctor Sánchez, cómo encontraba al herido (sin dignarse nombrar a éste), y si llegaría a quedarse cojo, y si a las doce podría tomar el caldo de pollo y jamón, y si era cosa de enarenar la calle para que no le molestara el ruido de los coches, etc., etc.

El facultativo, con su ingenuidad acostumbrada, aseguró que del balazo de la frente nada había ya que temer, gracias a la enérgica y saludable naturaleza del enfermo, en quien no quedaba síntoma alguno de conmoción ni fiebre cerebral; pero su diagnóstico no fue tan favorable respecto de la fractura de la pierna. Calificóla nuevamente de grave y peligrosísima, por estar la tibia muy destrozada, y recomendó a don Jorge absoluta inmovilidad si quería librarse de una amputación, y aun de la misma muerte...

Habló el doctor en términos tan claros y rudos, no solo por falta de arte para disfrazar sus ideas, sino porque ya había formado juicio del carácter voluntarioso y turbulento de aquella especie de niño consentido. Pero a fe que no consiguió asustarlo: antes bien le arrancó una sonrisa de incredulidad y de mofa.

Las asustadas fueron las tres buenas mujeres: doña Teresa por pura humanidad; Angustias por cierto empeño hidalgo y de amor propio que ya tenía en curar y domesticar a tan heroico y raro personaje, y la criada por terror instintivo a todo lo que fuera sangre, mutilación y muerte.

Reparó el capitán en la zozobra de sus enfermeras, y saliendo de la calma con que estaba soportando la curación, dijo furiosamente al doctor Sánchez:

—¡Hombre! ¡Podía usted haberme notificado a solas todas esas sentencias! ¡El ser un buen médico no releva de tener buen corazón! ¡Dígolo porque ya ve usted qué cara tan larga y tan triste ha hecho poner a mis tres Marías!

Aquí tuvo que callar el paciente, dominado por el terrible dolor que le causó el médico al juntarle el hueso partido.

—¡Bah, bah! —continuó luego—. ¡Para que yo me quedase en esta casa!... ¡Precisamente no hay nada que me subleve tanto como ver llorar a las mujeres!

El pobre capitán se calló otra vez, y mordiéndose los labios algunos instantes, aunque sin lanzar ni un suspiro...

Era indudable que padecía mucho.

—Por lo demás, señora... —concluyó dirigiéndose a doña Teresa— ¡figúraseme que no hay motivo para que me eche usted esas miradas de odio; pues ya no puede tardar en venir mi primo Álvaro, y las librará a ustedes del capitán Veneno!... Entonces verá este señor doctor... (¡Cáspita, hombre, no apriete usted tanto!) qué bonitamente, sin pararse en eso de la inmovilidad (¡caracoles, qué mano tan dura tiene usted!), me llevan cuatro soldados a mi casa en una camilla, y terminan todas estas escenas de convento de monjas. ¡Pues no faltaba más! ¡Calditos a mí! ¡A mí sustancia de pollo? A mí enarenarme la calle! ¿Soy acaso algún militar de alfeñique, para que se me trate con tantos mimos y ridiculeces?

Iba a responder doña Teresa, apelando al ímpetu belicoso en que consistía su única debilidad (y sin hacerse cargo, por supuesto, de que el pobre don Jorge estaba sufriendo horriblemente), cuando, por fortuna, llamaron a la puerta, y Rosa anunció al marqués de los Tomillares.

—¡Gracias a Dios! —exclamaron todos a un mismo tiempo, aunque con diverso tono y significado.

Y era que la llegada del marqués había coincidido con la terminación de la cura.

Don Jorge sudaba de dolor.

Dióle Angustias un poco de agua y vinagre, y el herido respiró alegremente, diciendo:

—Gracias, prenda.

En esto llegó el Marqués a la alcoba, conducido por la Generala.

II. Iris de paz

Era don Álvaro de Córdoba y Álvarez de Toledo un hombre sumamente distinguido, todo afeitado, y afeitado ya a aquella hora; como de sesenta años de edad, de cara redonda, pacífica y amable, que dejaba traslucir el sosiego y benignidad de su alma, y tan pulcro, simétrico y atildado en vestir, que parecía la estatua del método y del orden.

Y cuenta que iba muy conmovido y atropellado por la desgracia de su pariente; pero ni aun se mostró descompuesto ni faltó en un ápice a la más escrupulosa cortesía. Saludó correctísimamente a Angustias, al doctor y hasta un poco a la gallega, aunque ésta no le había sido presentada por la señora de Barbastro, y entonces, y solo entonces, dirigió al capitán una larga mirada de padre austero y cariñoso, como reconviniéndole y consolándole a la par, y aceptando, ya que no el origen, las consecuencias de aquella nueva calaverada.

Entretanto doña Teresa, y sobre todo la locuacísima Rosa (que cuidó mucho de nombrar varias veces a su ama con los dos títulos en pleito), enteraron vellis nollis al ceremonioso marqués de todo lo acontecido en la casa y sus cercanías desde que la tarde anterior sonó el primer tiro hasta aquel mismísimo instante, sin omitir la repugnancia de don Jorge a dejarse cuidar y compadecer por las personas que le habían salvado la vida.

Luego que dejaron de hablar la Generala y la gallega, interrogó el Marqués al doctor Sánchez, el cual le informó acerca de las heridas del capitán en el sentido que ya conocemos, insistiendo en que no debía trasladársele a otro punto, so pena de comprometer su curación y hasta su vida.

Por último: el buen don Álvaro se volvió hacia Angustias en ademán interrogante, o sea explorando si quería añadir alguna cosa a la relación de los demás; y, viendo que la joven se limitaba a hacer un leve saludo negativo, tomó su Excelencia las precauciones nasales y laríngeas, así como la expedita y grave actitud de quien se dispusiese a hablar en un Senado (era senador), y dijo, entre serio y afable...

(Pero este discurso debe ir en pieza separada, por si alguna vez lo incluyen en las Obras completas del Marqués, quien también era literato... de los apellidados «de orden».)

III. Poder de la elocuencia

Señores: en medio de la tribulación que nos aflige, y prescindiendo de consideraciones políticas acerca de los tristísimos acontecimientos de ayer, paréceme que en modo alguno podemos quejamos...

—¡No te quejes tú, si es que nada te duele!... Pero ¿cuándo me toca a mí hablar? —interrumpió el capitán Veneno.

—¡A ti, nunca, mi querido Jorge! —le respondió el marqués suavemente—. Te conozco demasiado para necesitar que me expliques tus actos positivos o negativos. ¡Básteme con el relato de estos señores!

El capitán, en quien ya se había notado el profundo respeto... o desprecio con que sistemáticamente se abstenía de llevar la contraria a su ilustre primo, cruzó los brazos a lo filósofo, clavó la vista en el techo de la alcoba, y se puso a silbar el himno de Riego.

—Decía... —prosiguió el marqués— que de lo peor ha sucedido lo mejor. La nueva desgracia que se ha buscado mi incorregible y muy amado pariente don Jorge de Córdoba, a quien nadie mandaba echar su cuarto a espadas en el jaleo de ayer tarde (pues que está de reemplazo, según costumbre, y ya podía haber escarmentado de meterse en libros de caballerías), es cosa que tiene facilísimo remedio, o que lo tuvo, felizmente, en el momento oportuno, gracias al heroísmo de esta gallarda señorita, a los caritativos sentimientos de mi señora la generala de Barbastro, Condesa de Santurce, a la pericia del digno doctor en medicina y cirugía señor Sánchez, cuya fama érame conocida hace muchos años, y al celo de esta diligente servidora...

Aquí la gallega se echó a llorar.

—Pasemos a la parte positiva... —continuó el marqués, en quien, por lo visto, predominaba el órgano de la clasificación y el deslinde, y que, de consiguiente, hubiera podido ser un gran perito agrónomo—. Señoras y señores: supuesto que, a juicio de la ciencia, de acuerdo con el sentido común, fuera muy peligroso mover de este hospitalario lecho a nuestro interesante enfermo y primo hermano mío don Jorge de Córdoba, me resigno a que continúe perturbando esta sosegada vivienda hasta tanto que pueda ser trasladado a la mía o a la suya. Pero entiéndase que todo ello es partiendo de la base ¡oh querido pariente! de que tu generoso corazón y el ilustre nombre que llevas sabrán hacerte prescindir de ciertos resabios de colegio, cuartel o casino, y ahorrar descontentos y sinsabores a la respetable dama y a la digna señorita que, eficazmente secundadas por su activa y robusta doméstica, te libraron de morir en mitad de la calle... ¡No me repliques! ¡Sabes que yo pienso mucho las cosas antes de proveer, y que nunca revoco mis propios autos! Por lo demás, la señora Generala y yo hablaremos a solas (cuando le sea cómodo, pues yo no tengo nunca prisa) acerca de insignificantes pormenores de conducta, que darán forma natural y admisible a lo que siempre será, en el fondo, una gran caridad de su parte... Y, como quiera que ya he dilucidado por medio de este largo discurso, para el cual no he venido preparado, todos los aspectos y fases de la cuestión, ceso por ahora en el ejercicio de la palabra. He dicho.

El capitán seguía silbando el himno de Riego, y aun creemos que el de Bilbao y el de Maella, con los iracundos ojos fijos en el techo de la alcoba, que no sabemos cómo no principió a arder o no se vino al suelo.

Angustias y su madre, al ver derrotado a su enemigo, habían procurado dos o tres veces llamarle la atención, a fin de calmarlo o consolarlo con su mansa y benévola actitud; pero él les había contestado por medio de rápidos y agrios gestos, muy parecidos a juramentos de venganza, tornando en seguida a su patriótica música, con expresión más viva y ardorosa.

Dijérase que era un loco en presencia de su loquero; pues no otro oficio que este último representaba el Marqués en aquel cuadro.

IV. Preámbulos indispensables

Retiróse en esto el doctor Sánchez, quien, a fuer de experimentado fisiólogo y psicólogo, todo lo había comprendido y calificado, cual si se tratase de autómatas y no de personas, y entonces el marqués pidió de nuevo a la viuda que le concediese unos minutos de audiencia particular.

Doña Teresa le condujo a su gabinete, situado al extremo opuesto de la sala, y, una vez establecidos allí en sendas butacas los dos sexagenarios, comenzó el hombre de mundo por pedir agua templada con azúcar, alegando que le fatigaba hablar dos veces seguidas, desde que pronunció en el

Senado un discurso de tres días en contra de los ferrocarriles y telégrafos; pero, en realidad, lo que se propuso al pedir el agua, fue dar tiempo a que la guipuzcoana le explicase qué generalato y qué condado eran aquellos de que el buen señor no tenía anterior noticia, y que hacían mucho al caso, dado que iba a tratar de dinero.

¡Pueden imaginarse los lectores con cuánto gusto se explayaría la pobre mujer en tal materia, a poco que le hurgó don Álvaro!... Refirió su expediente, de pe a pa, sin olvidar aquello del derecho virtual, retrospectivo e implícito... a tener qué comer, que le asistía, con sujeción el artículo 10 del Convenio de Vergara; y, cuando ya no le quedó más que decir y comenzó a abanicarse en señal de tregua, apoderóse de la palabra el Marqués de los Tomillares, y habló en los términos siguientes:

(Pero bueno será que vaya también por separado su interesante relación, modelo de análisis expositivo, que podrá figurar en la Sección vigésima de sus obras, titulada: Cosas de mis parientes, amigos y servidores.)

V. Historia del capitán

Tiene usted, señora Condesa, la mala fortuna de albergar en su casa a uno de los hombres más enrevesados e inconvenientes que Dios ha echado al mundo. No diré yo que me parezca enteramente un demonio; pero sí que se necesita ser de pasta de ángeles, o quererlo, como yo lo quiero, por ley natural y por lástima, para aguantar sus impertinencias, ferocidades y locuras. ¡Bástele a usted saber que las gentes disipadas y poco asustadizas con quienes se reúne en el Casino y en los cafés, le han puesto por mote capitán Veneno, al ver que siempre está hecho un basilisco y dispuesto a romperse la crisma con todo bicho viviente por quítame allá esas pajas! Úrgeme, sin embargo, advertir a usted, para su tranquilidad personal y la fe de su familia, que es casto y hombre de honor y vergüenza, no solo incapaz de ofender el pudor de ninguna señora, sino excesivamente huraño y esquivo con el bello sexo. Digo más: en medio de su perpetua iracundia, todavía no ha hecho verdadero daño a nadie, como no sea a sí propio, y por lo que a mí me toca, ya habrá usted visto que me trata con el acatamiento y el cariño debidos a una especie de hermano mayor o segundo padre... Pero, aun así y todo, repito que es imposible vivir a su lado, según lo demuestra el hecho elocuentísimo de que, hallándonos él soltero y yo viudo, y careciendo el uno y el otro de más parientes, arrimos o presuntos y eventuales herederos, no habite en mi demasiado anchurosa casa, como habitaría el muy necio si lo deseare; pues yo, por naturaleza y educación, soy muy sufrido, tolerante y complaciente con las personas que respetan mis gustos, hábitos, ideas, horas, sitios y aficiones. Esta misma blandura de mi carácter es a todas luces lo que nos hace incompatibles en la vida íntima, según han demostrado ya diferentes ensayos; pues a él le exasperan las formas suaves y corteses, las escenas tiernas y cariñosas, y todo lo que no sea rudo, áspero, sin nodriza... (Su madre murió al darlo a luz, y su padre, por no lidiar con amas de leche, le buscó una cabra..., por lo visto montés, que se encargase de amamantarlo.) Se educó en colegios, como interno, desde el punto y hora en que le destetaron; pues su padre, mi pobre tío Rodrigo, se suicidó al poco tiempo de enviudar. Apuntóle el bozo haciendo la guerra de América, entre salvajes, y allí vino a tomar parte en nuestra discordia civil de los siete años. Ya sería general, si no hubiese reñido con todos sus superiores desde que le pusieron los cordones de cadete, y los pocos grados y empleos que ha obtenido hasta ahora, le han costado prodigios de valor y no sé cuantas heridas; sin lo cual no habría sido propuesto para recompensa por su jefes, siempre enemistados con él a causa de las amargas verdades que acostumbra a decirles. Ha estado en arresto diez y seis veces, y cuatro en diferentes castillos; todas ellas por insubordinación. ¡Lo que nunca ha hecho ha sido pronunciarse! Desde que se acabó la guerra, se halla constantemente de reemplazo; pues, si bien he logrado, en mis épocas de favor político, proporcionarle tal o cual colocación en oficinas militares, regimientos, etc., a las veinticuatro horas ha vuelto a ser enviado a su casa. Dos ministros de la Guerra han sido desafiados por él, y no le han fusilado todavía, por respeto a mi nombre y a su indisputable valor. Sin embargo de todos esos horrores, y en vista de que había jugado al tute, en el pícaro Casino del Príncipe, su escaso caudal, y de que la paga de reemplazo no le bastaba para vivir con arreglo a su clase, ocurrióseme, hace siete años la peregrina idea de nombrarle contador de mi casa y hacienda, rápidamente desvinculadas por la sucesiva de los tres últimos poseedores (mi padre y mis hermanos Alfonso y Enrique), y muy decaídas y arruinadas a consecuencia de estos mismos frecuentes cambios de dueño. ¡La Providencia me inspiró sin duda alguna pensamiento tan atrevido! Desde aquel día mis asuntos entraron en orden y prosperidad: antiguos e infieles administradores perdieron su puesto o se convirtieron en santos, y al año siguiente se habían duplicado mis rentas, casi cuadruplicadas en la actualidad, por el desarrollo que Jorge ha dado a la ganadería... ¡Puedo decir que hoy tengo los mejores carneros del Bajo Aragón, y todos están a la orden de usted! Para realizar tales prodigios, hale bastado a ese tronera con una visita que giró a caballo por todos mis estados (llevando en la mano el sable a guisa de bastón), y con una hora que va cada día a las oficinas de mi casa. Devenga allí un sueldo de treinta mil reales; y no le doy más porque todo lo que le sobra, después de comer y vestir, únicas necesidades que tiene (y esas con sobriedad y modestia), lo pierde al tute el último día de cada mes... De su paga de reemplazo no hablemos, dado que siempre está afecta a las costas de alguna sumaria por desacato a la autoridad... En fin: a pesar de todo, yo le amo y compadezco como a un mal hijo..., y, no habiendo logrado tenerlos buenos ni malos en mis tres nupcias, y debiendo de ir a parar a él, por ministerio de la ley, mi título nobiliario, pienso dejarle todo mi saneado caudal; cosa que el muy necio no se imagina, y que Dios me libre de que llegue a saber; pues, de saberlo, dimitiría su cargo de Contador, o trataría de arruinarme, para que nunca le juzgara interesado personalmente en mis aumentos. ¡Creerá, sin duda, el desdichado, fundándose en apariencias y murmuraciones calumniosas, que pienso testar en favor de cierta sobrina de mi última consorte; y yo le dejo en su equivocación, por las razones antedichas!... ¡Figúrese usted, pues, su chasco el día que herede mis nueve milloncejos! ¡Y qué ruido meterá con ellos en el mundo! ¡Tengo la seguridad de que, a los tres meses, o es Presidente del Consejo de Ministros o Ministro de la Guerra o lo ha pasado por las armas el general Narváez! Mi mayor gusto hubiera sido casarlo, a ver si el matrimonio lo amansaba y domesticaba, y yo le debía, lateralmente, más dilatadas esperanzas de sucesión para un título de Marqués, pero ni Jorge puede enamorarse, ni lo confesaría aunque se enamorara, ni ninguna mujer podría vivir con semejante erizo... Tal es, imparcialmente retratado, nuestro famoso capitán Veneno; por lo que suplico a usted tenga paciencia para aguantarlo algunas semanas, en la seguridad de que yo sabré agradecer todo lo que hagan ustedes por su salud y por su vida, como si lo hicieran por mí mismo.

El Marqués sacó y desdobló el pañuelo, al terminar esta parte de su oración, y se lo pasó por la frente, aunque no sudaba... Volvió en seguida a doblarlo simétricamente, se lo metió en el bolsillo posterior izquierdo de la levita, aparentó beber un sorbo de agua, y dijo así, cambiando de actitud y de tono:

VI. La viuda del cabecilla

Hablemos ahora de pequeñeces, impropias, hasta cierto punto, de personas de nuestra posición, pero en que hay que entrar forzosamente. La fatalidad, señora condesa, ha traído a esta casa, e impide salir de ella en cuarenta o cincuenta días, a un extraño para ustedes, a un desconocido, a un don Jorge de Córdoba, de quien nunca había oído hablar, y que tiene un pariente millonario... Usted no es rica, según acaba de contarme...

—¡Lo soy! —interrumpió valientemente la guipuzcoana.

—No lo es usted..; cosa que la honra mucho, puesto que su magnánimo esposo se arruinó defendiendo la más noble causa... ¡Yo, señora, soy también algo carlista!

—¡Aunque fuera usted el mismísimo don Carlos! ¡Hábleme de otro asunto, o demos por terminada esta conversación! ¡Pues no faltaba más, sino que yo aceptara dinero ajeno para cumplir con mis deberes de cristiana!

—Pero, señora, usted no es médico, ni boticario, ni...

—¡Mi bolsillo es todo eso para su primo de usted! Las muchas veces que mi esposo cayó herido defendiendo a don Carlos (menos la última que, indudablemente en castigo de estar ya de acuerdo con el traidor Maroto, no halló quien lo auxiliara, y murió desangrado en medio de un bosque), fue socorrido por campesinos de Navarra y Aragón, que no aceptaron reintegro ni regalo alguno... ¡Lo mismo haré yo con don Jorge de Córdoba, quiera o no quiera su millonaria familia!

—Sin embargo, Condesa, yo no lo puedo aceptar —observó el Marqués, entre complacido y enojado.

—¡Lo que no podrá usted nunca es privarme de la alta honra que el cielo me deparó ayer! Contábame mi difunto esposo que, cuando un buque mercante o de guerra descubre en la soledad del mar y salva de la muerte a algún náufrago, se recibe a éste a bordo con honores reales, aunque sea el más humilde marinero. La tripulación sube a las vergas; tiéndese rica alfombra en la escala de estribor, y la música y los tambores baten la Marcha Real de España... ¿Sabe usted por qué? ¡Porque en aquel náufrago ve la tripulación a un enviado de la Providencia! ¡Pues lo mismo haré yo con su primo de usted! ¡Yo pondré a sus plantas toda mi pobreza por vía de alfombra, como pondría miles de millones si los tuviese!

—¡Generala! —exclamó el Marqués, llorando a lágrima viva—. ¡Permítame usted besarle la mano!

—¡Y permite, querida mamá, que yo te abrace llena de orgullo! —añadió Angustias, que había oído toda la conversación desde la puerta de la sala.

Doña Teresa se echó también a llorar, al verse tan aplaudida y celebrada. Y como la gallega, reparando en que otros gemían, no desperdiciaba tampoco la ocasión de sollozar (sin saber por qué), armóse allí tal confusión de pucheros, suspiros y bendiciones, que más vale volver la hoja, no sea que los lectores salgan también llorando a moco tendido, y yo me quede sin público a quien seguir contando mi pobre historia...

VII. Los pretendientes de Angustias

—¡Jorge! —dijo el Marqués al capitán Veneno, penetrando en la alcoba con aire de despedida—. ¡Ahí te dejo! La señora Generala no ha consentido que corran a nuestro cargo ni tan siquiera el médico y la botica; de modo que vas a estar aquí como en casa de tu propia madre si viviese. Nada te digo de la obligación en que te hallas de tratar a estas señoras con afabilidad y buenos modos, al tenor de tus buenos sentimientos, de que no dudo, y de los ejemplos de urbanidad y cortesía que te tengo dados; pues es lo menos que puedes y debes hacer en obsequio de personas tan principales y caritativas. A la tarde volveré yo por aquí, si mi señora Condesa me da permiso para ello, y haré que te traigan ropa blanca, las cosas más urgentes que tengas que firmar y cigarrillos de papel. Dime si quieres algo más de tu casa o de la mía.

—¡Hombre! —respondió el capitán—. Ya que eres tan bueno, tráeme un poco de algodón en rama y unos anteojos ahumados.

—¿Para qué?

—El algodón, para taparme las orejas y no oir palabras ociosas, y las gafas ahumadas, para que nadie lea en mis ojos las atrocidades que pienso.

—¡Vete al diantre! —respondió el Marqués, sin poder conservar su gravedad, como tampoco pudieron refrenar la risa doña Teresa ni Angustias.

Y, con esto, se despidió de ellas el potentado, dirigiéndoles las frases más cariñosas y expresivas, cual si llevara ya mucho tiempo de conocerlas y tratarlas.

—¡Excelente persona! —exclamó la viuda, mirando de reojo al capitán.

—¡Muy buen señor! —dijo la gallega, guardándose una moneda de oro que el marqués le había regalado.

—¡Un zascandil! —gruñó el herido, encarándose con la silenciosa Angustias—. ¡Así es como las señoras mujeres quisieran que fuesen todos los hombres! ¡Ah, traidor! ¡Seráfico! ¡Cumplimentero! ¡Marica! ¡Tertuliano de monjas! ¡No me moriré yo sin que me pague esta mala partida que me ha jugado hoy, al dejarme en poder de mis enemigos! ¡En cuanto me ponga bueno, me despediré de él y de su oficina, y pretenderé una plaza de comandante de presidios, para vivir entre gentes que no me irriten con alardes de honradez y sensibilidad! Oiga usted, señorita Angustias: ¿quiere usted decirme por qué se está riendo de mí? ¿Tengo yo alguna danza de monos en la cara?

—¡Hombre! Me río pensando en lo muy feo que va usted a estar con los anteojos ahumados.

—¡Mejor que mejor! ¡Así se librará usted del peligro de enamorarse de mí! —respondió furiosamente el capitán.

Angustias soltó la carcajada; doña Teresa se puso verde, y la gallega rompió a decir, con la velocidad de diez palabras por segundo:

—¡Mi señorita no acostumbra a enamorarse de nadie! Desde que estoy acá ha dado calabazas a un boticario de la calle Mayor, que tiene coche; al abogado del pleito de la señora, que es millonario, aunque algo más viejo que usted, y a tres o cuatro paseantes del Buen Retiro...

—¡Cállate, Rosa! —dijo melancólicamente la madre—. ¿No conoces que esas son... flores que nos echa el caballero capitán? ¡Por fortuna ya me ha explicado su señor primo todo lo que importaba saber respecto del carácter de nuestro amabilísimo huésped! Me alegro, pues, de verle de tan buen humor; y ¡así esta pícara fatiga me permitiese a mí bromear también!

El capitán se había quedado bastante mohino, y como excogitando alguna disculpa o satisfacción que dar a madre e hija. Pero solo se le ocurrió decir, con voz y cara de niño enfurruñado que se viene a razones:

—Angustias, cuando me duela menos esta condenada pierna, jugaremos al tute arrastrado... ¿Le parece a usted bien?

—Será para mí un señalado honor... —contestó la joven, dándole la medicina que le tocaba en aquel instante—. ¡Pero cuente usted desde ahora, señor capitán Veneno, con que le acusaré a usted las cuarenta!

Don Jorge la miró con ojos estúpidos, y sonrió dulcemente por la primera vez de su vida.

Parte III. Heridas en el alma

Entre conversaciones y pendencias por este orden, pasaron quince o veinte días, y adelantó mucho la curación del capitán. En la frente solo le quedaba ya una breve cicatriz, y el hueso de la pierna se iba consolidando.

—¡Este hombre tiene carne de perro! —solía decir el facultativo.

—¡Gracias por el favor, matasanos de Lucifer! —respondía el capitán en són de afectuosa franqueza—. ¡Cuando salga a la calle, he de llevarlo a usted a los toros y a las riñas de gallos; pues es usted todo un hombre!... ¡Cuidado si tiene hígados para remendar cuerpos rotos!

Doña Teresa y su huésped habían acabado también por tomarse mucho cariño, aunque siempre estaban peleándose. Negábale todos los días don Jorge que tuviese hechura la concesión de la viudedad, lo cual sacaba de sus casillas a la guipuzcoana; pero a renglón seguido la invitaba a sentarse en la alcoba y le decía que, ya que no con los títulos de General ni de Conde, había oído citar varias veces en la guerra civil al cabecilla Barbastro como a uno de los jefes carlistas más valientes y distinguidos y de sentimientos humanos y caballerescos... Pero, cuando la veía triste y taciturna, por consecuencia de sus cuidados y achaques, se guardaba de darle bromas sobre el expediente, y la llamaba con toda naturalidad Generala y Condesa; cosa que la restablecía y alegraba en el acto; si ya no era que, como nacido en Aragón, y para recordar a la pobre viuda sus amores con el difunto carlista, le tarareaba jotas de aquella tierra, que acaban por entusiasmarla y por hacer llorar y reir juntamente.

Estas amabilidades del capitán Veneno y, sobre todo, el canto de la jota aragonesa, eran privilegio exclusivo en favor de la madre; pues tan luego como Angustias se acercaba a la alcoba, cesaban completamente, y el enfermo ponía cara de turco. Dijérase que odiaba de muerte a la hermosa joven, tal vez por lo mismo que nunca lograba disputar con ella, ni verla incomodada, ni que tomase por lo serio las atrocidades que él le decía, ni sacarla de aquella seriedad un poco burlona que el cuitado calificaba de constante insulto.

Era de notar, sin embargo, que cuando alguna mañana tardaba Angustias en entrar a darle los buenos días, el pícaro don Jorge le preguntaba cien veces, en su estilo de hombre tremendo:

—¿Y ésa? ¿Y doña Náuseas? ¿Y esa remolona? ¿No ha despertado aún su señoría? ¿Por qué ha permitido que se levante usted tan temprano, y no ha venido ella a traerme el chocolate? Dígame usted, señora doña Teresa: ¿está mala acaso la joven princesa de Santurce?

Todo esto, si se dirigía a la madre; y, si era a la gallega, decíale con mayor furia:

—¡Oye y entiende, monstruo de Mondoñedo! Dile a tu insoportable señorita que son las ocho y tengo hambre. ¡Que no es menester que venga tan peinada y reluciente como de costumbre! ¡Que de todos modos la detestaré con mis cinco sentidos! ¡Y, en fin, que si no viene pronto, hoy no habrá tute!

El tute era una comedia, y hasta un drama diario. El capitán lo jugaba mejor que Angustias; pero Angustias tenía más suerte, y los naipes acababan por salir volando hacia el techo o hacia la sala, desde las manos de aquel niño cuarentón, que no podía aguantar la graciosísima calma con que le decía la joven:

—¿Ve usted, señor capitán Veneno, cómo soy yo la única persona que ha nacido en el mundo para acusarle a usted las cuarenta?

II. Se plantea la cuestión

Así las cosas, una mañana, sobre si debían abrirse o no los cristales de la reja de la alcoba, por hacer un magnífico día de primavera, mediaron entre don Jorge y su hermosa enemiga palabras tan graves como las siguientes:

El capitán. ¡Me vuelve loco el que no me lleve usted nunca la contraria, ni se incomode al oírme decir disparates! ¡Usted me desprecia! ¡Si fuera usted hombre, juro que habíamos de andar a cuchilladas!

Angustias. Pero si yo fuese hombre me reiría de todo ese geniazo, lo mismo que me río siendo mujer. Y, sin embargo, seríamos buenos amigos.

El capitán. ¡Amigos usted y yo! ¡Imposible! Usted tiene el dón infernal de dominarme y exasperarme con su prudencia; yo no llegaría a ser nunca amigo de usted, sino su esclavo; y por no serlo, le propondría a usted que nos batiésemos a muerte. Todo esto... siendo usted hombre. Siendo mujer, como lo es...

Angustias. ¡Continúe! ¡No me escatime galanterías!

EL CAPITÁN. ¡Sí, señora! ¡Voy a hablarle con toda franqueza! Yo he tenido siempre aversión instintiva a las mujeres, enemigas naturales de la fuerza y de la dignidad del hombre, como lo acreditan Eva, Armida, aquella otra bribona que peló a Sansón, y muchas otras que cita mi primo. Pero, si hay algo que me asuste más que una mujer, es una señora y, sobre todo, una señorita inocente y sensible, con ojos de paloma y labios de rosicler, con talle de serpiente del Paraíso y voz de sirena engañadora, con manecitas blancas como azucenas, que ocultan garras de tigre, y lágrimas de cocodrilo, capaces de engañar y perder a todos los santos de la corte celestial...

Así es que mi sistema constante se ha reducido a huir de ustedes.. Porque, dígame qué armas tiene un hombre de mi hechura para tratar con una tirana de veinte abriles, cuya fuerza consiste en su propia debilidad? ¿Es decorosamente posible pegarle a una mujer? ¡De ningún modo! Pues entonces, ¿qué camino le queda a uno, cuando conozca que tal o cual mocosilla, muy guapa y puesta en sus puntos, lo domina y gobierna, y lo lleva y lo trae como a un zarandillo?

Angustias. ¡Lo que yo hago cuando usted me dice esas atrocidades tan graciosas! ¡Agradecerlas... y sonreir! Porque ya habrá usted observado que yo no soy llorona...; razón por la cual, en su retrato de las Angustias sobra aquello de las lágrimas de cocodrilo...

El capitán. ¿Está usted viendo? ¡Esa respuesta no la daría Lucifer! ¡Sonreir!... ¡Reirse de mí, es lo que hace usted continuamente! ¡Pues bien! Decía, cuando usted me ha clavado ese nuevo puñal, que de todas las damiselas que había temido encontrar en el mundo, la más terrible, la más odiosa para un hombre de mi temple... (perdóneme la franqueza), ¡es usted! ¡Yo no recuerdo haber experimentado nunca la ira que siento cuando usted se sonríe al verme furioso! ¡Paréceme como que duda usted de mi valor, de la sinceridad de mis arrebatos, de la energía de mi carácter!

Angustias. Pues óigame usted a mí ahora, y crea que le hablo con entera verdad. Muchos hombres he conocido ya en el mundo; alguno que otro me ha solicitado; de ninguno me he prendado todavía... Pero si yo hubiera de enamorarme con el tiempo, sería de algún indio bravo por el estilo de usted ¡Tiene usted un genio hecho de molde para el mío!

El capitán. ¡Vaya usted a los mismísimos diablos! ¡Generala! ¡Condesa! ¡Llame usted a su hija, y dígale que no me queme la sangre! En fin; ¡mejor es que no juguemos hoy al tute! Conozco que no puedo con usted... Llevo algunas noches de no dormir, pensando en nuestros altercados, en las cosas duras que me obliga usted a decirle, en las irritantes bromas que me contesta, y en lo imposible que es el que usted y yo vivamos en paz, a pesar de lo muy agradecido que estoy... a la casa. ¡Ah! ¡Más me hubiera valido que me dejara usted morir en mitad de la calle!... ¡Es muy triste aborrecer, o no poder tratar como Dios manda, a la persona que nos ha salvado la vida exponiendo la suya! ¡Afortunadamente, pronto podré mover esta pícara pierna; me iré a mi cuartito de la calle de Tudescos, a la oficina de mi seráfico pariente y a mi Casino de mi alma, y cesará este martirio a que me ha condenado usted con su cara, su cuerpo y sus acciones de serafín, y con su frialdad, sus bromas y su sonrisa de demonio! ¡Pocos días nos quedan de vernos!... Ya discurriré yo alguna manera de seguir tratando a solas a su mamá de usted, ora sea en casa de mi primo, ora por cartas, ora citándonos para tal o cual iglesia... Pero lo que es a usted, gloria mía, ¡no volveré a acercarme hasta que sepa que se ha casado!... ¿Qué digo? ¡Entonces menos que nunca! En resumen... ¡déjeme usted en paz, o écheme mañana solimán en el chocolate!

El día que don Jorge de Córdoba pronunció estas palabras, Angustias no se sonrió, sino que se puso grave y triste...

Reparó en ello el capitán, y dio se prisa a taparse el rostro con el embozo de la cama, murmurando para sí mismo:

—¡Me he fastidiado con decir que no quiero jugar al tute! Pero, ¿cómo volverme atrás? ¡Sería deshonrarme! ¡Nada! ¡Trague usted quina, señor capitán Veneno! ¡Los hombres deben ser hombres!

Angustias, que había salido ya de la alcoba, no se enteró del arrepentimiento y tristeza que se revolcaban bajo las ropas de aquel lecho.

III. La convalecencia

Sin novedad alguna que de notar sea, transcurrieron otros quince días, y llegó aquel en que nuestro héroe debía abandonar el lecho, bien que con orden terminante de no moverse de una silla y de tener extendida sobre otra la pierna mala.

Sabedor de ello el marqués de los Tomillares, cuya visita no había faltado ninguna mañana a don Jorge, ó, más bien dicho, a sus adorables enfermeras, con quienes se entendía mejor que con su áspero y rabioso primo, le envió a éste, al amanecer, un magnífico sillón-cama, de roble, acero y damasco, que había hecho construir con la anticipación debida.

Aquel lujoso mueble era toda una obra maestra, excogitada y dirigida por el minucioso aristócrata: estaba provisto de grandes ruedas que facilitarían la conducción del enfermo de una parte a otra, y articulado por medio de muchos resortes, que permitían darle forma, ora de lecho militar, ora de butaca más o menos trepada, con apoyo, en este último caso, para extender la pierna derecha, y con su mesilla, su atril, su pupitre, su espejo y otros adminículos de quita y pon, admirablemente acondicionados.

A las señoras les mandó, como todos los días, delicadísimos ramos de flores, y además, por extraordinario, un gran ramillete de dulces y doce botellas de champagne, para que celebrasen la mejoría de su huésped. Regaló un hermoso reloj al médico y veinticinco duros a la criada, y con todo ello se pasó en aquella casa un verdadero día de fiesta, a pesar de que la respetable guipuzcoana estaba cada vez peor de salud.

Las tres mujeres se disputaron la dicha de pasear al capitán Veneno en el sillón-cama; bebieron Champagne y comieron dulces, así los enfermos como los sanos, y aun el representante de la medicina: el Marqués pronunció un largo discurso en favor de la institución del matrimonio, y el mismo don Jorge se dignó reír dos o tres veces, haciendo burla de su pacientísimo primo, y cantar en público (o sea delante de Angustias) algunas coplas de jota aragonesa.

IV. Mirada retrospectiva

Verdad es que desde la célebre discusión sobre el bello sexo, el capitán había cambiado algo, ya que no de estilo ni de modales, a lo menos de humor... ¡y quién sabe si de ideas y sentimientos! Conocíase que las faldas le causaban menos horror que al principio, y todos habían observado que aquella confianza y benevolencia que ya le merecía la señora de Barbastro, iban trascendiendo a sus relaciones con Angustias.

Continuaba, eso sí, por terquedad aragonesa más que por otra cosa, diciéndose su mortal enemigo, y hablándole con aparente acritud y a voces, como si estuviera mandando soldados; pero sus ojos la seguían y se posaban en ella con respeto, y, si por acaso se encontraba con la mirada (cada vez más grave y triste desde aquel día) de la impávida y misteriosa joven, parecían inquirir afanosamente qué gravedad y tristura eran aquéllas.

Angustias había dejado, por su parte de provocar al capitán y de sonreirse cuando le veía montar en cólera. Servíalo en silencio, y en silencio soportaba sus desvíos más o menos amargos y sinceros, hasta que él se ponía también grave y triste, y le preguntaba con cierta llaneza de niño bueno:

—¿Qué tiene usted? ¿Se ha incomodado conmigo? ¿Principia ya a pagarme el aborrecimiento de que tanto le he hablado?

—¡Dejémonos de tonterías, capitán! —contestaba ella—. ¡Demasiado hemos disparatado ya los dos..., hablando de cosas muy formales!

—¿Se declara usted, pues, en retirada?

—En retirada... ¿de qué?

—¡Toma! ¡Usted lo sabrá! ¿No me la echó de tan valiente y batalladora el día que me llamó indio bravo?

—Pues no me arrepiento de ello, amigo mío... Pero basta de despropósitos, y hasta mañana.

—¿Se va usted? ¡Eso no vale! ¡Eso es huir! —solía decirle entonces el muy taimado.

—¡Como usted quiera!... —respondía Angustias, encogiéndose de hombros—. El caso es que me retiro...

—¿Y qué voy a hacer aquí, solo, toda la noche? ¡Repare usted en que son las siete!

—Esa no es cuenta mía. Puede usted rezar, o dormirse, o hablar con mamá... Yo tengo que seguir arreglando el baúl de papeles de mi difunto padre... ¿Por qué no pide usted una baraja a Rosa, y hace solitarios?

—¡Sea usted franca! —exclamó un día el impertinente solterón, devorando con los ojos las blanquísimas y hoyosas manos de su enemiga—. ¿Me guarda usted rencor porque desde aquella mañana no hemos vuelto a jugar al tute?

—¡Muy al contrario! ¡Alégrome de que hayamos dejado también esa broma! —respondió Angustias, escondiendo las manos en los bolsillos de la bata.

—Pues entonces, alma de Dios, ¿qué quiere usted?

—Yo, señor don Jorge, no quiero nada.

—¿Por qué no me llama usted ya «Señor capitán Veneno»?

—Porque he conocido que no merece usted ese nombre.

—¡Hola! ¡Hola! ¿Volvemos a las suavidades y a los elogios? ¿Qué sabe usted cómo soy yo por dentro?

—Lo que sé es que no llegará usted nunca a envenenar a nadie...

—¿Por qué? ¿Por cobardía?

—No, señor; sino porque es usted un pobre hombre, con muy buen corazón, al cual le ha puesto cadenas y mordaza, no sé si por orgullo o por miedo a su propia sensibilidad... Y, si no, que se lo pregunten a mi madre...

—¡Vaya! ¡Vaya! ¡doblemos esa hoja! ¡Guárdese usted sus celebraciones como se guarda sus manecitas de marfil! ¡Esta chiquilla se ha propuesto volverme del revés!

—¡Mucho ganaría usted en que me lo propusiera y lo lograra, pues el revés de usted es el derecho! Pero no estamos en ese caso... ¿Qué tengo yo que ver en sus negocios?

—¡Trueno de Dios! ¡Pudo usted hacerse esa pregunta la tarde que se dejó fusilar por salvarme la vida! —exclamó don Jorge con tanto ímpetu como si, en vez del agradecimiento, hubiese estallado en su corazón una bomba.

Angustias le miró muy contenta, y dijo con noble fogosidad:

—No estoy arrepentida de aquella acción; pues si mucho le admiré a usted al verlo batirse la tarde del 26 de marzo, más le he admirado de oirlo cantar, en medio de sus dolores, la jota aragonesa, para distraerse y alegrar a mi pobre madre!

—¡Eso es! ¡Búrlese usted ahora de mi mala voz!

—¡Jesús, qué diantre de hombre! ¡Yo no me burlo de usted, ni el caso lo merece! ¡Yo he estado a punto de llorar; y he bendecido a usted desde lejos, cada vez que le he oído cantar aquellas coplas!...

—¡Lagrimitas! ¡Peor que peor! ¡Ah, señora doña Angustias! ¡Con usted hay que tener mucho cuidado! ¡Usted se ha propuesto hacerme decir ridiculeces y majaderías impropias de un hombre de carácter, para reirse luego de mí, y declararse vencedora!... Afortunadamente, estoy sobre aviso, y tan luego como me vea próximo a caer en sus redes, echaré a correr, con la pierna rota y todo, y no pararé hasta Pekín. ¡Usted debe ser lo que llaman una coqueta!

—¡Y usted es un desventurado!

—¡Mejor para mí!

—Un hombre injusto, un salvaje, un necio...

—¡Apriete usted! ¡Apriete usted! ¡Así me gusta! ¡Al fin vamos a peleamos una vez!

—¡Un desagradecido!

—¡Eso no, caramba! ¡Eso no!

—Pues bien: ¡guárdese usted su agradecimiento, que yo, gracias a Dios, para nada lo necesito! Y, sobre todo, hágame el obsequio de no volver a sacarme estas conversaciones...

Tal dijo Angustias, volviéndole la espalda con verdadero enojo.

Y así quedaba siempre, de oscuro y embrollado, el importantísimo punto que, sin saberlo, discutían aquellos dos seres desde que se vieron por primera vez..., y que muy pronto iba a ponerse más claro que el agua.

V. Peripecia

El tan celebrado y jubiloso día en que se levantó el capitán Veneno había de tener un fin asaz, lúgubre y lamentable, cosa muy frecuente en la humana vida, según que más atrás, y por razones inversas a las que ahora, dijimos filosóficamente.

Estaba anocheciendo: el médico y el Marqués acababan de retirarse, y Angustias y Rosa habían salido también, por consejo de la muy complacida guipuzcoana, a rezar una Salve a la Virgen del Buen Suceso, que aun tenía entonces su iglesia en la Puerta del Sol, cuando el capitán, a quien ya habían acostado de nuevo, oyó sonar la campanilla de la calle; y que doña Teresa abría el ventanillo y preguntaba: «¿Quién es?»; y que luego decía, abriendo la puerta: «¡Cómo había yo de figurarme que viniese usted a estas horas! ¡Pase usted por aquí!»; y que una voz de hombre exclamaba, alejándose hacia las habitaciones interiores: «Siento mucho, señora...»

El resto de la frase se perdió en la distancia, y así quedó todo por algunos minutos, hasta que sonaron otra vez pasos y oyóse al mismo hombre que decía, como despidiéndose: «Celebraré que usted se mejore y tranquilice...», y a doña Teresa que contestaba: «Pierda usted cuidado...»; después de lo cual volvió a sentirse abrir y cerrar la puerta, y reinó en la casa profundo silencio.

Conoció el capitán que algún desagrado había ocurrido a la viuda, y hasta esperó que entrase a contárselo; pero al ver que no acontecía así, dedujo que el negocio sería del orden de los secretos domésticos, y abstúvose de interpelarla a voces, aunque le pareció oirla suspirar en el inmediato pasillo...

Volvieron a llamar en esto a la puerta de la calle, e instantáneamente la abrió doña Teresa, lo cual demostraba que no había dado un paso desde que se marchó la visita; y entonces se oyeron estas exclamaciones de Angustias:

—¿Por qué nos aguardabas con el picaporte en la mano? ¡Mamá! ¿Qué tienes? ¿Por qué lloras? ¿Por qué no me respondes? ¡Estás mala! ¡Jesús, Dios mío! ¡Rosa! ¡Ve corriendo y llama al doctor Sánchez! ¡Mi mamá se muere! ¡Ven! ¡Espera! ¡Ayúdame a llevarla al sofá de la sala... ¿No ves que se está cayendo? ¡Pobre madre mía! ¡Madre de mi alma! ¿Qué tienes que no puedes andar?

Efectivamente: don Jorge, desde la alcoba, vio entrar a la sala a doña Teresa casi arrastrando, colgada del cuello de su hija y de su criada, y con la cabeza caída sobre el pecho.

Acordóse entonces Angustias de que el capitán estaba en el mundo, y dio un grito furioso, encaróse con él, y le dijo:

—¿Qué le ha hecho usted a mi madre?

—¡No! ¡No!... ¡Pobrecito! ¡Él no sabe nada!... —se apresuró a decir la enferma con amoroso acento—. Me he puesto mala yo sola... Ya se me va pasando...

El capitán estaba rojo de indignación y de vergüenza.

—¡Ya lo está usted oyendo, señorita Angustias! —exclamó al fin en són muy amargo y triste—. ¡Me ha calumniado usted inhumanamente! Pero ¡ah!, no... ¡Yo no soy quien me he calumniado a mí mismo desde que estoy acá! ¡Merecida tengo esa injusticia de usted! ¡Doña Teresa!... ¡No haga usted caso de esa ingrata, y dígame que ya está buena del todo, o reviento aquí, donde me veo atado por el dolor y crucificado por mi enemiga!

A todo eso, la viuda había sido colocada en el sofá, y Rosa atravesaba la calle en busca del doctor.

—Perdóneme usted, capitán —dijo Angustias—. Considere que es mi madre, y que me la he encontrado muriéndose lejos de usted, a cuyo lado la dejé hace quince minutos... ¿Es que ha venido alguien durante mi ausencia?

El capitán iba a responder que sí, cuando doña Teresa había ya contestado apresuradamente:

—¡No! ¡Nadie!... ¿No es verdad que nadie, señor don Jorge? Estas son cosas de nervios..., vapores..., ¡vejeces, y nada más que vejeces! Ya estoy bien, hija mía.

Llegado que hubo el médico, y tan pronto como pulsó a la viuda (a quien media hora antes dejó tan contenta y en casi regular estado), dijo que había que acostarla inmediatamente y que tendría que guardar cama algún tiempo, hasta que cesase la gran conmoción nerviosa que acababa de experimentar... Enseguida manifestó en secreto a Angustias y a don

Jorge que el mal de doña Teresa radicaba en el corazón, de lo cual tenía completa evidencia desde que la pulsó por primera vez la tarde del 26 de Marzo, y que semejantes afecciones, aunque no eran fáciles de curar enteramente, podían conllevarse largo tiempo a fuerza de reposo, bienestar, alegría moderada, buen trato y no sé cuántos otros prodigios..., cuya base principal era el dinero.

—¡El 26 de marzo! —murmuró el capitán—. ¡Es decir, que yo tengo la culpa de todo lo que ocurre!

—¡La tengo yo! —dijo Angustias, como hablando consigo misma.

—¡No busquen ustedes la causa de las causas! —expuso melancólicamente el doctor Sánchez—. Para que haya culpa, tiene que preceder intención, y ustedes son incapaces de haber querido perjudicar a doña Teresa.

Los dos amnistiados se miraron con angelical asombro, al ver que la ciencia se devanaba los sesos para sacar deducciones tan obvias o tan impías; y, fijando luego su consideración en lo que verdaderamente les importaba entonces, dijéronse a un mismo tiempo:

—¡Hay que salvarla!

Aquello era principiar a entenderse.

VI. Catástrofe

Así que se marchó el médico, y después de largo debate, se tomó el acuerdo de poner la cama de la viuda en el gabinete, que, como ya hemos dicho, estaba situado en un extremo de la sala, frente por frente de la alcoba ocupada por don Jorge.

—De esta manera —dijo la prudentísima Angustias— podréis veros y charlar los dos enfermicos, y nos será fácil a

Rosa y a mí atender a ambos desde la sala, la noche que a cada uno nos toque velaros.

Aquella noche se quedó Angustias, y nada ocurrió de particular. Doña Teresa se sosegó mucho a la madrugada, y dormitó cosa de una hora. El médico la encontró muy aliviada a la mañana siguiente; y, como pasó también el día cada vez más tranquila, la segunda noche se retiró Angustias a su cuarto después de las dos, cediendo a las tiernas súplicas de su madre y a las imperiosas órdenes del capitán, y Rosa se quedó de enfermera... en la misma butaca, en la misma postura y con los mismos ronquidos que veló a don Jorge la noche que lo hirieron.

Serían las tres y media de la mañana cuando nuestro caviloso héroe, que no dormía, oyó que doña Teresa respiraba muy trabajosamente y lo nombraba con voz entrecortada y sorda.

—Vecina, ¿me llama usted? —preguntó don Jorge, disimulando su inquietud.

—Sí..., capitán... —respondió la enferma—. Despierte usted con cuidado a Rosa, de modo que no lo oiga mi hija. Ya no puedo alzar la voz...

—Pero ¿qué es eso? ¿Se siente usted mal?

—¡Muy mal! Y quiero hablar con usted a solas antes de morirme... Haga usted que Rosa lo coloque en el sillón de ruedas, y lo traiga aquí... Pero procure que no despierte mi pobre Angustias...

El capitán ejecutó punto por punto lo que le decía doña Teresa, y al cabo de pocos instantes se hallaba a su lado.

La pobre viuda tenía una fiebre muy alta, y se ahogaba de fatiga. En su lívido rostro se veía ya impresa la indeleble marca de la muerte.

El capitán estaba aterrado por la primera vez de su vida.

—¡Déjanos, Rosa...; pero no despiertes a la señorita Angustias!... ¡Dios querrá dejarme vivir hasta que amanezca, y entonces la llamaré para que nos despidamos!... Oiga usted, capitán... ¡Me muero!

—¡Qué se ha de morir, usted, señora! —respondió don Jorge, estrechando la ardiente mano de la enferma—. Esta es una congoja como la de ayer tarde... ¡Y, además, yo no quiero que se muera usted!

—Me muero, capitán... Lo conozco... Inútil fuera llamar al médico... Llamaremos al confesor..., ¡eso sí!... aunque se asuste mi pobre hija... Pero será cuando usted y yo acabemos de hablar. Porque lo urgente ahora es que hablemos nosotros dos sin testigos!...

—¡Pues ya estamos hablando! —respondió el capitán, atusándose los bigotes en señal de miedo—. Pídame usted la poca y mala sangre con que entré en esta casa y la mucha y muy rica que he criado en ella, y toda la derramaré con gusto!...

—Ya lo sé... Ya lo sé, amigo mío... Usted es muy honrado, y nos quiere... Pues, mi querido capitán; sépalo usted todo... Ayer tarde vino mi procurador, y me dijo que el Gobierno había decretado en contra del expediente de mi viudedad.

—¡Demonio! ¿Y por esa friolera se apura usted? ¡Me ha denegado a mí el Gobierno tantas instancias!

—Ya no soy ni Condesa ni Generala... —continuó la viuda—. ¡Tenía usted mucha razón cuando me escatimaba esos títulos!

—¡Mejor que mejor! ¡Yo no soy tampoco General ni Marqués, y mi abuelo era lo uno y lo otro! Estamos iguales.

—¡Bien; pero el caso es que yo... yo... ¡estoy completamente arruinada! Mi padre y mi marido gastaron, defendiendo a don Carlos, todo lo que tenían... Hasta hoy he vivido con el producto de mis alhajas, y hace ocho días vendí la última...; una gargantilla de perlas muy hermosa... ¡Rubor me causa hablar a usted de estas miserias!...

—¡Hable usted, señora! ¡Hable usted! ¡Todos hemos pasado apuros! ¡Si supiera usted los atranques en que a mí me ha metido el pícaro tute!

—¡Pero es que mi atranque no tiene remedio! Todos mis recursos y todo el porvenir de mi hija estaban cifrados en esa viudedad, que con el tiempo hubiera sido la orfandad de Angustias... Y hoy... la desgraciada no tiene porvenir, ni presente, ni dinero para enterrarme... Porque ha de saber usted que el abogado que me asesoraba, herido en su orgullo, de resultas de haberle desdeñado la chica, o deseoso de aumentar nuestra desgracia, a fin de rendir la voluntad de Angustias y obligarla a casarse con él..., me envió anteanoche la cuenta de sus honorarios, al mismo tiempo que la fatal noticia... El procurador traía también la relación de los suyos, y me habló en un lenguaje tan cruel, de parte del abogado, mezclando las palabras «desconfianza...», «insolvencia», «ejecución», y yo no sé qué otras, que cegué y no vi, tiré de la gaveta, y le entregué todo lo que me pedía; es decir, todo lo que me quedaba, lo que me habían dado por la gargantilla de perlas, mi último dinero, mi último pedazo de pan... Por consiguiente, desde anteanoche es Angustias tan pobre como las infelices que piden de puerta en puerta... ¡Y ella lo ignora! ¡Ella duerme tranquila en este instante! ¿Cómo, pues, no he de estar muriéndome?... ¡Lo raro es que no me muriera anteanoche!

—¡Pues no se muera por tan poca cosa! —repuso el capitán con sudores de muerte, pero con la más noble efusión—. Ha hecho usted muy bien en hablarme... ¡Yo me sacrificaré viviendo entre faldas como un despensero de monjas! ¡Estaría escrito! Cuando me ponga bueno, en lugar de irme a mi casa, traeré aquí mi ropa, mis armas y mis perros, y viviremos todos juntos hasta la consumación de los siglos...

—¡Juntos! —respondió lúgubremente la guipuzcoana—. Pues ¿no oye usted que me estoy muriendo? ¿No lo ve usted? ¿Cree usted que yo le hubiera hablado de mis apuros pecuniarios, a no estar segura de que dentro de pocas horas me habré muerto?

—Entonces, señora... ¿qué es lo que quiere usted de mí? —preguntó horrorizado don Jorge de Córdoba—. Porque dicho se está que para dispensarme el honor y el gusto de pedirme, o de encargarme que le pida a mi primo ese pobre barro que se llama dinero, no estaría usted pasando tanta fatiga, sabiendo lo mucho que estimamos a ustedes, y conociéndonos, como creo que nos conoce... ¡Dinero no ha de faltarles a ustedes nunca, mientras yo viva! Por lo tanto, otra cosa es lo que usted quiere de mí, y le suplico que, antes de decir una palabra más, piense en la solemnidad de las circunstancias y en otras consideraciones muy atendibles.

—No le comprendo a usted, y yo misma sé lo que quiero... —respondió doña Teresa, con la sinceridad de una santa—. Pero póngase usted en mi lugar. Soy madre...; adoro a mi hija; voy a dejarla sola en el mundo; no veo a mi lado en la hora de la muerte, ni tengo sobre el haz de la tierra persona alguna a quien encomendársela, como no sea a usted que, en medio de todo, le demuestra cariño... En verdad, yo no sé de qué modo podrá usted favorecerla... ¡El dinero solo es muy frío, muy repugnante, muy horrible... ¡Pero más horrible es todavía que mi pobre Angustias se vea obligada a ganarse con sus manos el sustento, a ponerse a servir, a pedir limosna!... ¡Justifícase, por consiguiente, que, al sentir que me muero, le haya llamado a usted para despedirme, y que, con las manos cruzadas, y llorando por última vez en mi vida, le diga a usted, desde el borde del sepulcro: «¡Capitán: sea usted el tutor, sea usted el padre, sea usted un hermano de mi pobre huérfana!... ¡Ampárela! ¡Ayúdela! ¡Defienda su vida y su honra! ¡Que no se muera de hambre ni de tristeza! ¡Que no esté sola en el mundo!... ¡Figúrese usted que hoy le nace una hija!»

—¡Gracias a Dios! —exclamó don Jorge, dando palmotadas en los brazos del sillón de ruedas—. ¡Haré por Angustias todo eso y mucho más! ¡Pero he pasado un rato cruel, creyendo iba usted a pedirme que me casara con la muchacha!

—¡Señor don Jorge de Córdoba! ¡Eso no lo pide ninguna madre! ¡Ni mi Angustias toleraría que yo dispusiese de su noble y valeroso corazón! —dijo doña Teresa con tal dignidad, que el capitán se quedó yerto de espanto.

Recobróse al cabo el pobre hombre, y expuso con la humildad del más cariñoso hijo, besando las manos de la moribunda:

—¡Perdón! ¡perdón, señora! ¡Yo soy un insensato, un monstruo, un hombre sin educación que no sabe explicarse!... Mi ánimo no ha sido de ofender a usted ni a Angustias... Lo que he querido advertir a usted lealmente, es que yo haría muy desgraciada a esa hermosa joven, modelo de virtudes, si llegase a casarme con ella; que yo no he nacido para amar ni para que me amen, ni para vivir acompañado, ni para tener hijos, ni para nada que sea dulce, tierno y afectuoso... Yo soy independiente como un salvaje, como una fiera, y el yugo del matrimonio me humillaría, me desesperaría, me haría dar botes que llegaran al cielo. Por lo demás, ni ella me quiere, ni yo la merezco, ni hay para qué hablar de este asunto. En cambio, ¡hágame usted el favor de creer, por esta primera lágrima que derramo desde que soy hombre, y por estos primeros besos de mis labios, que todo lo que yo pueda agenciar en el mundo, y mis cuidados, y mi vigilancia, y mi sangre, serán para Angustias, a quien estimo, y quiero, y amo, y debo la vida..., y hasta quizá el alma! Lo juro por esta santa medalla que mi madre llevó siempre al cuello... Lo juro por... Pero ¡usted no me oye...! ¡usted no me contesta!, ¡usted no me mira! ¡Señora! ¡Generala! ¡Doña Teresa!... ¿Se siente usted peor? ¡Ah, Dios mío! ¡Si parece que se ha muerto! ¡Diablo y demonio! ¡Y yo sin poder moverme! ¡Rosa! ¡Rosa! ¡Agua! ¡Vinagre! ¡Un confesor! ¡Una cruz, y yo le recomendaré el alma como pueda!... Pero aquí tengo mi medalla... ¡Virgen Santísima! ¡Recibe en tu seno a mi segunda madre! Pues, señor, ¡estoy fresco! ¡Pobre Angustias! ¡Pobre de mí! ¡En buena me he metido por salir a cazar revolucionarios!

Todas aquellas exclamaciones estaban muy en su lugar. Doña Teresa había muerto al sentir en su mano los besos y las lágrimas del capitán Veneno, y una sonrisa de suprema felicidad vagaba todavía por los entreabiertos labios del cadáver.

VII. Milagros del dolor

A los gritos del consternado huésped, seguidos de lastimeros ayes de la criada, despertó Angustias... Medio se vistió, llena de espanto, y corrió hacia la habitación de su madre... Pero en la puerta halló atravesada la silla de ruedas de don Jorge, el cual, con los brazos abiertos y los ojos casi fuera de las órbitas, le cerraba el paso, diciendo:

—¡No entre usted Angustias! ¡No éntre usted, o me levanto, aunque me muera!

—¡Mi pobre mamá! ¡Mi madre de mi alma! ¡Déjeme usted ver a mi madre!... —gimió la infeliz, pugnando por entrar.

—¡Angustias! ¡En nombre de Dios, no éntre ahora! Ya entraremos luego juntos... ¡Deje usted descansar un momento a la que tanto ha padecido!

—¡Mi madre ha muerto! —exclamó Angustias, cayendo de rodillas junto al sillón del capitán.

—¡Pobre hija mía! ¡Llora conmigo cuanto quieras! —respondió don Jorge, atrayendo hacia su corazón la cabeza de la pobre huérfana, y acariciándole el pelo con la otra mano—. ¡Llora con el que no había llorado nunca, hasta hoy, que llora por ti... y por ella!...

Era tan extraordinaria y prodigiosa aquella emoción en un hombre como el capitán Veneno, que Angustias, en medio de su horrible desgracia, no pudo menos de significarle aprecio y gratitud, poniéndole una mano sobre el corazón...

Y así estuvieron abrazados algunos instantes aquellos dos seres que la felicidad nunca hubiera hecho amigos.

Parte IV. De potencia a potencia

I. De cómo el capitán llegó a hablar solo

Quince días después del entierro de doña Teresa Carrillo de Albornoz, a eso de las once de una espléndida mañana del mes de las flores, víspera, o antevíspera de San Isidro, nuestro amigo el capitán Veneno se paseaba muy de prisa por la sala principal de la casa mortuoria, apoyado en dos hermosas y desiguales muletas de ébano y plata, regalo del marqués de los Tomillares; y aunque el mimado convaleciente estaba allí solo, y no había nadie en el gabinete ni en la alcoba, hablaba de vez en cuando a media voz, con la rabia y desabrimiento de costumbre.

—¡Nada! ¡Nada!... ¡Está visto! —exclamó por último, parándose en mitad de la habitación—. ¡La cosa no tiene remedio! ¡Ando perfectísimamente! ¡Y hasta creo que andaría mejor sin estos palitroques! Es decir, que ya puedo marcharme a mi casa...

Aquí lanzó un gran resoplido, como si suspirase a su manera, y murmuró cambiando de tono:

—¡Puedo! He dicho puedo!... ¿Qué es poder? Antes pensaba yo que el hombre podía hacer todo lo que quería, y ahora veo que ni tan siquiera puede querer lo que le acomoda... ¡Pícaras mujeres! ¡Bien me lo había yo temido desde que nací! ¡Y bien me lo figuré en cuanto me vi rodeado de faldas la noche del 26 de marzo! ¡Inútil fue tu precaución, padre mío, de hacerme amamantar por una cabra! ¡Al cabo de los años mil, he venido a caer en manos de estas sayonas que te obligaron a suicidarte!... Pero ¡ah! ¡yo me escaparé, aunque me deje el corazón en sus uñas!

Enseguida miró el reloj, suspiró de nuevo, y dijo muy quedamente, como reservándose de sí propio:

—¡Las once y cuarto, y todavía no la he visto, aunque estoy levantado desde las seis!... ¡Qué tiempos aquellos en que me traía el chocolate y jugábamos al tute! Ahora siempre que llamo, entra la gallega... ¡Reventada sea «tan digna servidora», que diría el necio de mi primo! Pero, en cambio, luego darán las doce, y me avisarán que está el almuerzo... Iré al comedor y me encontraré allí con una estatua vestida de luto que ni habla, ni ríe, ni llora, ni come, ni bebe, ni sabe nada de lo que ocurre, nada de lo que su madre me contó aquella noche; nada de lo que va a suceder, si Dios no lo remedia... ¡Cree la muy orgullosa que está en su casa, y todo su afán es que acabe de ponerme bueno y me marche, para que mi compañía no la desdore en la opinión de las gentes! ¡Infeliz! ¿Cómo sacarla de su error? ¿Cómo decirle que la tengo engañada; que su madre no me entregó ningún dinero; que, desde hace quince días, todo lo que se gasta acá sale de mi propio bolsillo? ¡Ah! ¡Eso nunca! ¡Primero me dejo matar que decirle tal cosa! —Pero ¿qué hago? ¿Cómo no darle, antes o después, cuentas verdaderas o fingidas? ¿Cómo seguir así indefinidamente? ¡Ella no lo consentirá! ¡Ella me llamará a capítulo cuando gradúe que debe habérseme acabado lo que suponga que poseía su madre, y entonces se armará en esta casa la de Dios es Cristo!

Por aquí iba en sus pensamientos don Jorge de Córdoba, cuando sonaron unos golpecitos en la puerta principal de la sala, seguidos de estas palabras de Angustias:

—¿Se puede entrar?

—¡Éntre usted con cinco mil de a caballo! —gritó el capitán, loco de alegría, corriendo a abrir la puerta y olvidando todas sus alarmas y reflexiones—. ¡Ya era tiempo de que me hiciese usted una visita como antiguamente! ¡Aquí tiene usted al oso enjaulado y aburrido, deseando tener con quien pelear! ¿Quiere usted que echemos una manos al tute? Pero... ¿qué pasa? ¿Por qué me mira usted con esos ojos?

—Sentémonos y hablemos, capitán... —dijo gravemente Angustias, cuyo hechicero rostro, pálido como la cera, expresaba la más honda emoción.

Don Jorge se retorció los bigotes, según hacía siempre que barruntaba tempestad, y sentóse en el filo de una butaca, mirando a un lado y otro con aire de desasosiego de reo en capilla.

La joven tomó asiento muy cerca de él; reflexionó unos instantes, o bien reunió fuerzas para la ya presentida borrasca, y expuso al fin con imponderable dulzura:

II. Batalla campal

Señor de Córdoba: la mañana en que murió mi bendita madre, y cuando, cediendo a ruegos de usted, me retiraba a mi aposento, después de haberla amortajado, por haberse empeñado usted en quedarse solo a velarla, con una piedad y una veneración que no olvidaré jamás...

—¡Vamos, vamos, Angustias!... ¿Quién dijo miedo? ¡Cara feroz al enemigo! ¡Tenga usted valor para sobreponerse a esas cosas!

—Sabe usted que no me ha faltado hasta hoy... —respondió la joven con mayor calma—. Pero no se trata ahora de esta pena, con la cual vivo y viviré perpetuamente en santa paz, y a cuyo dulce tormento no renunciaría por nada del mundo... Se trata de contrariedades de otra índole, en que por fortuna caben alteraciones, y que van a tener en seguida total remedio...

—¡Quiéralo Dios! —rezó el capitán, viendo cada vez más cerca el nublado.

—Decía... —continuó Angustias— que aquella mañana que habló usted, sobre poco más, o menos, así: «Hija mía...»

—¡Hombre! ¡Qué cosas dice uno! ¡Yo la llamé a usted «hija mía...»!

—Déjeme proseguir, señor don Jorge: «Hija mía... (exclamó usted con una voz que me llegó al alma): en nada tiene usted que pensar por ahora más que en llorar y pedir a Dios por su madre... Sabe usted que he asistido a tan santa mujer en sus últimos momentos... Con este motivo, me ha enterado de todos sus asuntos y hecho entrega del dinero que poseía, para que yo corra con entierro, lutos y demás, como tutor de usted, que me ha nombrado privadamente, y para librarla de cuidados en los primeros días de su dolor... Cuando se tranquilice usted, ajustaremos cuentas...»

—¿Y qué? —interrumpió el capitán, frunciendo muchísimo el entrecejo, como si, a fuerza de parecer terrible, quisiese cambiar la efectividad de las cosas—. ¿No he cumplido bien tales encargos? ¿He hecho alguna locura? ¿Cree usted que he despilfarrado su herencia?... ¿No era justo costear entierro mayor a aquella ilustre señora? Ó ¿acaso le ha referido a usted ya algún chismoso que le he puesto en la sepultura una gran lápida, con sus títulos de Generala y Condesa? ¡Pues lo de la lápida ha sido capricho mío personal, y tenía pensado rogar a usted que me permitiera pagarla con mi dinero! ¡No he podido resistir a la tentación de proporcionar a mi noble amiga el gusto y la gala de usar entre los muertos los dictados que no le permitieron llevar los vivos!

—Ignoraba lo de la lápida... —profirió Angustias con religiosa gratitud, cogiendo y estrechando una mano de don Jorge, a pesar de los esfuerzos que hizo éste por retirarla—. ¡Dios se lo pague a usted! ¡Acepto ese regalo, en nombre de mi madre y en el mío! Pero, aun así y todo, ha hecho usted muy mal, sumamente mal, en engañarme respecto de otros puntos; y, si antes me hubiera enterado de ello, antes habría venido a pedirle a usted cuentas.

—¿Y podrá saberse, mi querida señorita, en qué la he engañado a usted? se atrevió todavía a preguntar don Jorge, no concibiendo que Angustias supiese cosas que solo a él, y en momentos antes de expirar, había referido doña Teresa.

—Me engañó usted aquella triste mañana... —respondió severamente la joven—, al decirme que mi madre le había entregado no sé qué cantidad...

—Y ¿en qué se funda vuestra señoría para desmentir con esa frescura a todo un capitán de ejército, a un hombre honrado, a una persona mayor? —gritó con fingida vehemencia don Jorge, procurando meter la cosa a barato y armar camorra para salir de aquel mal negocio.

—Me fundo —respondió Angustias sosegadamente— en la seguridad, adquirida después, de que mi madre no tenía ningún dinero cuando cayó en cama.

—¿Cómo que no? ¡Estas chiquillas se lo quieren saber todo! ¿Pues ignora usted que doña Teresa acababa de enajenar una joya de muchísimo mérito?...

—Sí..., sí... ¡ya sé!... Una gargantilla de perlas con broches de brillantes..., por la cual le dieron quinientos duros...

—¡Justamente! ¡Una gargantilla de perlas... como nueces, de cuyo importe nos queda todavía mucho oro para ir gastando!... ¿Quiere usted que se lo entregue ahora mismo? ¿Desea usted encargarse ya de la administración de su hacienda? ¿Tan mal le va con mi tutoría?

—¡Qué bueno es usted, capitán!... Pero ¡qué imprudente a la vez! (repuso la joven). Lea usted esta carta, que acabo de recibir, y verá dónde estaban los quinientos duros desde la tarde en que mi madre cayó herida de muerte...

El capitán se puso más colorado que una amapola; pero aun sacó fuerzas de flaqueza, y exclamó, echándosela de muy furioso:

—¡Conque es decir que yo miento! ¡Conque un papelucho merece más crédito que yo! ¡Conque de nada me sirve toda una vida de formalidad, en que he tenido palabra de rey!

—Le sirve a usted, señor don Jorge, para que yo le agradezca más y más el que, por mí, y solo por mí, haya faltado esta vez a esa buena costumbre...

—¡Veamos qué dice la carta! —replicó el capitán, por ver si hallaba en ella medio de cohonestar la situación—. ¡Probablemente será una pamplina!

La carta era del abogado o asesor de la difunta Generala, y decía así:

«Señorita Doña Angustias Barbastro.

»Muy señora mía y estimada amiga:

»Acabo de recibir extraoficialmente la triste noticia del óbito de su señora madre (Q.S.G.H.), y acompaño a usted en su legítimo sentimiento, deseándole fuerzas físicas y morales para sufrir tan inapelable y rudo golpe de la Superioridad que regula los destinos humanos.

«Dicho esto, que no es fórmula oratoria de cortesía, sino expresión del antiguo y alegado afecto que le profesa mi alma, tengo que cumplir con usted otro deber sagrado, cuyo tenor es el siguiente:

»El procurador o agente de negocios de su difunta madre, al notificarme hoy la penosa nueva, me ha dicho que, cuando hace dos semanas fue a poner en su conocimiento la desfavorable resolución de expediente de viudedad, y a presentarle varias notas de nuestros honorarios, tuvo ocasión de comprender que la señora poseía apenas el dinero suficiente para satisfacerlos, como por desventura los satisfizo en el acto, con un apresuramiento en que creí ver nuevas señales del amargo desvío que ya me había usted demostrado con anterioridad...

»Ahora bien, mi querida Angustias: atorméntame mucho la idea de si estará usted pasando apuros y molestias en tan agravantes circunstancias, por la exagerada presteza con que su mamá me hizo efectiva aquella suma (reducido precio de las seis solicitudes, cuyo borrador le escribí y hasta copié en limpio), y pido a usted su consentimiento previo para devolver el dinero, y aun agregar todo lo demás que usted necesite y yo posea.

»No es culpa mía si no tengo personalidad suficiente ni otros títulos que un amor tan grande como sin correspondencia, al hacer a usted semejante ofrecimiento, que le suplico acepte, en debida forma, de su apasionado y buen amigo, atento y seguro servidor, que besa sus pies,

Tadeo Jacinto de Pajares.»

—¡Mire usted aquí un abogado a quien yo le voy a cortar el pescuezo! —exclamó don Jorge, levantando la carta sobre su cabeza—. ¡Habrá infame! ¡Habrá judío! ¡Habrá canalla!... Asesina a la buena señora, hablándole de insolvencia y de ejecución, al pedirle los honorarios, para ver si la obligaba a darle la mano de usted; y ahora quiere comprar esa misma mano con el dinero que le sacó por haber perdido el asunto de la viudedad... ¡Nada, nada! ¡Corro en su busca! ¡A ver! ¡Alárgueme usted esas muletas! ¡Rosa! ¡Mi sombrero!... (Es decir: vé a mi casa y di que te lo den.) Ó si no, tráeme (que ahí estará en la alcoba) mi gorra de cuartel..., ¡y el sable! Pero no..., ¡no traigas el sable! ¡Con las muletas me basta y sobra para romperle la cabeza!

—Márchate, Rosa..., y no hagas caso; que estas son chanzas del señor don Jorge... —expuso Angustias, haciendo pedazos la carta—. Y usted, capitán, siéntese y óigame... se lo suplico. Yo desprecio al señor abogado con todos sus mal adquiridos millones, y ni le he contestado, ni le contestaré. ¡Cobarde y avaro, imaginó desde luego que podría hacer suya a una mujer como yo, solo con defender en balde en las oficinas nuestra mala causa!... No hablemos más, ni ahora ni nunca, del indigno viejo...

—¡Pues no hablemos tampoco de ninguna otra cosa! —añadió el ladino capitán, logrando alcanzar las muletas y comenzando a pasearse aceleradamente, cual si huyera de la interrumpida discusión.

—Pero amigo mío... —observó con sentido acento la joven—. Las cosas no pueden quedar así...

—¡Bien! ¡Bien! Ya hablaremos de eso. Lo que ahora interesa es almorzar, pues yo tengo muchísima hambre... Y ¡qué fuerte me ha dejado la pierna ese zorro viejo doctor! ¡Ando como un gamo! Dígame usted, cara de cielo, ¿á cómo estamos hoy?

—¡Capitán! —exclamó Angustias con enojo—. ¡No me moveré de esta silla hasta que me oiga usted, y resolvamos el asunto que aquí me ha traído!

—¿Qué asunto? ¡Vaya!... ¡Déjeme usted a mí de canciones... Y, a propósito de canciones... ¡Juro a usted no volver a cantar en toda mi vida la jota aragonesa! —¡Pobre Generala! ¡Cómo se reía al oirme!

—¡Señor de Córdoba!... —insistió Angustias con mayor acritud—. ¡Vuelvo a suplicarle a usted que preste alguna atención a un caso en que están comprometidas mi honra y mi dignidad!...

—¡Para mí no tiene usted nada comprometido! —respondió don Jorge, tirando al florete con la más corta de las muletas—. ¡Para mí es usted la mujer más honrada y digna que Dios ha criado!

—¡No basta serlo para usted! ¡Es necesario que opine lo mismo todo el mundo! —¡Siéntese usted, pues, y escúcheme, o envío a llamar a su señor primo, el cual, a fuer de hombre de conciencia, pondrá término a la vergonzosa situación en que me hallo.

—¡Le digo a usted que no me siento! Estoy harto de camas, de butacas y de sillas... sin embargo, puede usted hablar cuanto guste... —replicó don Jorge, dejando de tirar al florete, pero quedándose en primera guardia.

—Poco será lo que le diga... —profirió Angustias, volviendo a su grave entonación—, y ese poco... ya se le habrá ocurrido a usted desde el primer momento. Señor capitán: hace quince días que sostiene usted esta casa; usted pagó el entierro de mi madre, usted me ha costeado los lutos; usted me ha dado el pan que he comido... Hoy no puedo abonarle lo que lleva gastado, como se lo abonaré con el tiempo..., pero sepa usted que desde ahora mismo...

—¡Rayos y culebrinas! ¡Pagarme usted a mí! ¡Pagarme ella!... —gritó el capitán con tanto dolor como furia, levantando en alto las muletas, hasta llegar con la mayor al techo de la sala—. ¡Esta mujer se ha propuesto matarme! ¡Y para eso quiere que la oiga!... ¡Pues no la oigo a usted! ¡Se acabó la conferencia! ¡Rosa! ¡El almuerzo! Señorita: en el comedor la aguardo... Hágame el obsequio de no tardar mucho.

—¡Buen modo tiene usted de respetar la memoria de mi madre! ¡Bien cumple los encargos que le hizo en favor de esta pobre huérfana! ¡Vaya un interés que se toma por mi honor y por mi reposo!... —exclamó Angustias con tal majestad, que don Jorge se detuvo como el caballo a quien refrenan; contempló un momento a la joven, arrojó las muletas lejos de sí, volvió a sentarse en la butaca, y dijo, cruzándose de brazos:

—¡Hable usted hasta la consumación de los siglos!

—Decía... —continuó Angustias, así que se hubo serenado— que desde hoy cesará la absurda situación creada por la imprudente generosidad de usted Ya está usted bueno, y puede trasladarse a su casa...

—¡Bonito regalo! —interrumpió don Jorge, tapándose luego la boca como arrepentido de la interrupción.

—¡El único posible! —replicó Angustias.

—¿Y qué hará usted en seguida, alma de Dios? —gritó el capitán—. ¿Vivir del aire como los camaleones?

—Yo... ¡figúrese usted!... Venderé casi todos los muebles y ropas de la casa...

—¡Que valen cuatro cuartos! —volvió a interrumpir don Jorge, paseando una mirada despreciativa por las cuatro paredes de la habitación, no muy desmanteladas, a la verdad.

—¡Valgan lo que valieren! —repuso la huérfana con mansedumbre—. Ello es que dejaré de vivir a costa del bolsillo de usted, o de la caridad de su señor primo.

—¡Eso no! ¡Canastos! ¡Eso no! ¡Mi primo no ha pagado nada! (rugió el capitán con suma nobleza). ¡Pues no faltaba más, estando yo en el mundo! —Cierto es que el pobre Álvaro... yo no quiero quitarle su mérito, en cuanto supo la fatal ocurrencia, se brindó a todo...; es decir, a muchísimo más de lo que usted puede figurarse!... Pero yo le contesté que la hija de la condesa de Santurce solo podía admitir favores (o sea hacerlos ella misma, en el mero hecho de admitirlos) de su tutor, don Jorge de Córdoba, a cuyos cuidados la confió la difunta. El hombre conoció la razón, y entonces me reduje a pedirle prestados, nada más que prestados, algunos maravedises, a cuenta del sueldo que gano en su contaduría. Por consiguiente, señorita Angustias, puede usted tranquilizarse en ese particular, aunque tenga más orgullo que don Rodrigo en la horca.

—Me es lo mismo... —balbuceó la joven—, supuesto que yo he de pagar al uno o al otro, cuando...

—¿Cuándo qué? ¡Esa es toda la cuestión! Dígame usted cuándo.

—¡Hombre!... Cuando, a fuerza de trabajar, y con la ayuda de Dios misericordioso, me abra camino en esta vida...

—¡Caminos, canales y puertos! —voceó el capitán—. ¡Vamos, señora! ¡No diga usted simplezas! ¡Usted trabajar! ¡Trabajar con esas manos tan bonitas, que no me cansaba de mirar cuando jugábamos al tute! Pues ¿a qué estoy yo en el mundo, si la hija de doña Teresa Carrillo, ¡de mi única amiga!, ha de coger una aguja, o una plancha, o un demonio, para ganarse un pedazo de pan?

—Bien; dejemos todo eso a mi cuidado y al tiempo... —replicó Angustias, bajando los ojos—. Pero entretanto quedamos en que usted me dispensará el favor de marcharse hoy... ¿No es verdad que se marchará usted?

—¡Dale que dale! Y ¿por qué ha de ser verdad? ¿Por qué he de irme, si no me va mal aquí?

—Porque ya está usted bueno; ya puede andar por la calle, como anda por la casa, y no me parece bien que sigamos viviendo juntos...

—¡Pues figúrese usted que esta casa fuera de huéspedes!... ¡Ea! ¡Ya lo tiene usted arreglado todo! ¡Así no hay que vender muebles ni nada! Yo le pago a usted mi pupilaje; ustedes me cuidan... ¡y en paz! Con los dos sueldos que reuno hay de sobra para que todos lo pasemos muy bien, puesto que en adelante no me formarán causas por desacato, ni volveré a perder nada al tute, como no sea la paciencia... cuando me gane usted muchos juegos seguidos... ¿Quedamos conformes?

—¡No delire usted, capitán! —profirió Angustias con voz melancólica—. Usted no ha entrado en esta casa como pupilo; ni nadie creería que estaba usted en ella en tal concepto; ni yo quiero que lo esté... ¡No tengo yo edad ni condiciones para ama de huéspedes!... Prefiero ganar un jornal cosiendo o bordando.

—¡Y yo prefiero que me ahorquen! —gritó el capitán.

—Es usted muy compasivo... —prosiguió la huérfana—, y le agradezco con toda mi alma lo que padece al ver que en nada puede ayudarme... Pero esta es la vida, este es el mundo, esta es la ley de la sociedad.

—¿Qué me importa a mí la sociedad?

—¡A mí me importa mucho! Entre otras razones, porque sus leyes son un reflejo de la ley de Dios.

—¡Conque es ley de Dios que yo no pueda mantener a quien quiero!...

—Lo es, señor capitán, en el mero hecho de estar la sociedad dividida en familias...

—¡Yo no tengo familia, y, por consiguiente, puedo disponer libremente de mi dinero!

—Pero yo no debo aceptarlo. La hija de un hombre de bien que se apellidaba Barbastro, y de una mujer de bien que se apellidaba Carrillo, no puede vivir a expensas de cualquiera...

—¡Luego yo soy para usted un cualquiera!...

—Y un cualquiera de los peores... para el caso de que se trata, supuesto que es usted soltero, todavía joven, y nada santo... de reputación.

—¡Mire usted, señorita! —exclamó resueltamente el capitán, después de breve pausa, como quien va a epilogar y resumir una intrincada controversia—. La noche que ayudé a bien morir a su madre de usted le dije honradamente y con mi franqueza habitual (para que aquella buena señora no se muriese en un error, sino a sabiendas de lo que pasaba), que yo, el capitán Veneno, pasaría por todo en este mundo, menos por tener mujer e hijos. ¿Lo quiere usted más claro?

—¿Y a mí qué me cuenta usted? —respondió Angustias con tanta dignidad como gracia—. ¿Cree usted, por ventura, que yo le estoy pidiendo indirectamente su blanca mano?

—¡No, señora! —se apresuró a contestar don Jorge, ruborizándose hasta lo blanco de los ojos—. ¡La conozco a usted demasiado para suponer tal majadería! Además, ya hemos visto que usted desprecia novios millonarios, como el abogado de la famosa carta... ¿Qué digo? ¡La propia doña Teresa me dio la misma contestación que usted, cuando le revelé mi inquebrantable propósito de no casarme nunca... Pero yo le hablo a usted de esto para que no extrañe ni lleve a mal el que, estimándola a usted como la estimo... (¡porque yo la quiero a usted muchísimo más de lo que se figura!), no corte por lo sano y diga: —«¡Basta de requilorios, hija del alma! ¡Casémonos, y aquí paz y después gloria!»

—¡Es que no bastaría que usted lo dijese!... —contestó la joven con heroica frialdad—. Sería menester que usted me gustara.

—¿Estamos ahí ahora? —bramó el capitán, dando un brinco—. Pues ¿acaso no le gusto yo a usted?

—¿De dónde saca usted semejante probabilidad, caballero don Jorge? —repuso Angustias implacablemente.

—¡Déjeme usted a mí de probabilidades ni de latines! —tronó el pobre discípulo de Marte—. ¡Yo sé lo que me digo! ¡Lo que aquí pasa, hablando mal y pronto, es que no puedo casarme con usted, ni vivir de otro modo en su compañía, ni abandonarla a su triste suerte... Pero créame usted, Angustias; ni usted es una extraña para mí, ni yo lo soy para usted.. ¡y el día que yo supiera que usted ganaba ese jornal que dice; que usted servía en una casa ajena; que usted trabajaba con sus manecitas de nácar...; que usted tenía hambre... o frío,... o... (¡Jesús! ¡No quiero pensarlo!), le pegaba fuego a Madrid, o me saltaba la tapa de los sesos! Transija usted, pues; y, ya que no acepte el que vivamos juntos como dos hermanos (porque el mundo lo mancha todo con sus ruines pensamientos), consienta que le señale una pensión anual, como la señalan los reyes o los ricos a las personas dignas de protección y ayuda...

—Es que usted, señor don Jorge, no tiene nada de rico ni de rey.

—¡Bueno! Pero usted es para mí una reina, y debo y quiero pagarle el tributo voluntario con que suelen sostener los buenos súbditos a los reyes proscritos...

—Basta ya de reyes y de reinas, mi capitán... —prosiguió Angustias con el triste reposo de la desesperación—. Usted no es ni puede ser para mí otra cosa que un excelente amigo de los buenos tiempos, a quien siempre recordaré con gusto. Digámonos adiós y déjeme siquiera la dignidad en la desgracia.

—¡Eso es! ¡Y yo, entretanto, me bañaré en agua de rosas, con la idea de que la mujer que me salvó la vida, exponiendo la suya está pasando las de Caín! ¡Yo tendré la satisfacción de pensar que la única hija de Eva de quien he gustado, a quien he querido, a quien... adoro con toda mi alma, carece de lo más necesario, trabaja para alimentarse malamente, vive en una guardilla, y no recibe de mí ningún socorro, ningún consuelo!...

—¡Señor capitán! —interrumpió Angustias solemnemente—. Los hombres que no pueden casarse, y que tienen la nobleza de reconocerlo y de proclamarlo, no deben hablar de adoración a las señoritas honradas. Conque lo dicho: mande usted por un carruaje, despidámonos como personas decentes, y ya sabrá usted de mí cuando me trate mejor la fortuna.

—¡Ay, Dios mío de mi alma! ¡Qué mujer ésta! —clamó el capitán, tapándose el rostro con las manos—. ¡Bien me lo temí todo desde que le eché la vista encima! ¡Por algo dejé de jugar al tute con ella! ¡Por algo he pasado tantas noches sin dormir! ¿Hase visto apuro semejante al mío? ¿Cómo la dejo desamparada y sola, si la quiero más que a mi vida? ¿Ni cómo me caso con ella, después de tanto como he declamado contra el matrimonio? ¿Qué dirían de mí en el Casino? ¿Qué dirían los que me encontrasen en la calle con una mujer del bracete, o en casa, dándole la papilla a un rorro? ¡Niños a mí! ¡Yo bregar con muñecos! ¡Yo oirlos llorar! Yo temer a todas horas que estén malos, que se mueran, que se los lleve el aire! Angustias... ¡créame usted, por Jesucristo vivo! ¡Yo no he nacido para esas cosas! ¡Viviría tan desesperado que, por no verme y oirme, pediría usted a voces el divorcio o quedarse viuda!... —¡Ah! ¡Tome usted mi consejo! ¡No se case conmigo, aunque yo quiera!

—Pero hombre... —expuso la joven, retrepándose en su butaca con admirable serenidad—. ¡Usted se lo dice todo! ¿De dónde saca usted que yo deseo que nos casemos; que yo aceptaría su mano; que yo no prefiero vivir sola, aunque para ello tenga que trabajar día y noche, como trabajan otras huérfanas?

—¡Que de dónde lo saco! —respondió el capitán con la mayor ingenuidad del mundo—. ¡De la naturaleza de las cosas! ¡De que los dos nos queremos! ¡De que los dos nos necesitamos! ¡De que no hay otro arreglo para que un hombre como yo y una mujer como usted vivan juntos! ¿Cree usted que yo no lo conozco; que no lo había pensado ya, que a mí me son indiferentes su honra y su nombre? Pero he hablado por hablar, por huir de mi propia convicción, por ver si escapaba al terrible dilema que me quita el sueño, y hallaba un modo de no casarme con usted.., como al cabo tendré que casarme, si se empeña en quedarse sola...

—¡Sola! ¡Sola!... —repitió donosamente Angustias—. ¿Y por qué no mejor acompañada? ¿Quién le dice a usted que no encontraré yo con el tiempo un hombre de mi gusto, que no tenga horror al matrimonio?

—¡Angustias! ¡Doblemos esa hoja! —gritó el capitán, poniéndose de color de azufre.

—¿Por qué doblarla?

—¡Doblémosla, digo!... Y sepa usted desde ahora, que me comeré el corazón del temerario que la pretenda... Pero hago muy mal en incomodarme sin fundamento alguno... ¡No soy tan tonto que ignore lo que nos sucede!... ¿Quiere usted saberlo? Pues es muy sencillo. ¡Los dos nos queremos!... Y no me diga usted que me equivoco, ¡porque eso sería faltar a la verdad! Y allá va la prueba. ¡Si usted no me quisiera a mí, no la querría yo a usted!... ¡Lo que yo hago es pagar! ¡Y le debo a usted tanto!... ¡Usted, después de haberme salvado la vida, me ha asistido como una Hermana de la Caridad; usted ha sufrido con paciencia todas las barbaridades que, por librarme de su poder seductor, le he dicho durante cincuenta días; usted ha llorado en mis brazos cuando se murió su madre; usted me está aguantando hace una hora!... En fin... ¡Angustias!... Transijamos... Partamos la diferencia... ¡Diez años de plazo le pido a usted! Cuando yo cumpla el medio siglo, y sea ya otro hombre, enfermo, viejo y acostumbrado a la idea de la esclavitud, nos casaremos sin que nadie se entere, y nos iremos fuera de Madrid, al campo, donde no haya público, donde nadie pueda burlarse del antiguo capitán Veneno... Pero, entretanto, acepte usted, con la mayor reserva, sin que lo sepa alma viviente, la mitad de mis recursos... Usted vivirá aquí, y yo en mi casa. Nos veremos... siempre delante de testigos: por ejemplo, en alguna tertulia formal. Todos los días nos escribiremos. Yo no pasaré jamás por esta calle, para que la maledicencia no murmure..., y, únicamente el día de Finados, iremos juntos al cementerio, con Rosa, a visitar a doña Teresa...

Angustias no pudo menos de sonreirse al oir este supremo discurso del buen capitán. Y no era burlona aquella sonrisa, sino gozosa como un deseado albor de esperanza, como el primer reflejo del tardío astro de la felicidad, que ya iba acercándose a su horizonte... Pero, mujer al cabo, aunque tan digna y sincera, dijo con simulada confianza y con la entereza propia de un recato verdaderamente pudoroso:

—¡Hay que reirse de las extravagantes condiciones que pone usted a la concesión de su no solicitado anillo de boda! ¡Es usted cruel en regatear al menesteroso limosnas que tiene la altivez de no pedir, y que por nada de este mundo aceptaría! Pues añada usted que, en la presente ocasión, se trata de una joven... no fea ni desvergonzada, a quien está usted dando calabazas hace una hora, como si ella le hubiese requerido de amores. Terminemos, por consiguiente, tan odiosa conversación, no sin que antes le perdone yo a usted, y hasta le dé las gracias por su buena aunque mal expresada voluntad... ¿Llamo ya a Rosa para que vaya por el coche?

—¡Todavía no, cabeza de hierro! ¡Todavía no! —respondió el capitán, levantándose con aire muy reflexivo, como si estuviese buscando forma a un pensamiento abstruso y delicado—. Ocúrreseme otro medio de transacción, que será el último...; ¿entiende usted, señora aragonesa? ¡El último que este otro aragonés se permitirá indicarle!... Mas, para ello, necesito que antes me responda usted con lealtad a una pregunta..., después de haberme alargado las muletas, a fin de marcharme sin hablar más palabra, en el caso de que se niegue usted a lo que pienso proponerle...

—Pregunte usted y proponga... —dijo Angustias, alargándole las muletas con indescriptible donaire.

Don Jorge se apoyó, o mejor dicho, se irguió sobre ellas; y, clavando en la joven una mirada pesquisidora, rígida, imponente, la interrogó con voz de magistrado:

—¿Le gusto a usted? ¿Le parezco aceptable, prescindiendo de estos palitroques, que tiraré muy pronto? ¿Tenemos base sobre qué tratar? ¿Se casaría usted conmigo inmediatamente, si yo me resolviera a pedirle su mano, bajo la anunciada condición que diré luego?

Angustias conoció que se jugaba el todo por el todo... Pero, aun así, púsose también de pie, y dijo con su nunca desmentido valor:

—Señor don Jorge: esa pregunta es una indignidad, y ningún caballero la hace a las que considera señoras. ¡Basta ya de ridiculeces!... ¡Rosa! ¡Rosa! El señor de Córdoba te llama...

Y, hablando así, la magnánima joven se encaminó hacia la puerta principal de la habitación, después de hacer una fría reverencia al endiablado capitán.

Éste la atajó en mitad de su camino, gracias a la más larga de sus muletas, que extendió horizontalmente hasta la pared, como un gladiador que se va a fondo, y entonces exclamó con humildad inusitada:

—¡No se marche usted, por la memoria de aquella que nos ve desde el cielo! ¡Me resigno a que no conteste usted a mi pregunta, y paso a proponerle la transacción!... ¡Estará escrito que no se haga más que lo que usted quiera! Pero tú, Rosita, ¡márchate con cinco mil demonios, que ninguna falta nos haces aquí!

Angustias, que pugnaba por apartar la valla impuesta a su paso, se detuvo al oir la sentida invocación del capitán, y miróle fijamente a los ojos, sin volver hacia él más que la cabeza y con un indefinible aire de imperio, de seducción y de impasibilidad. ¡Nunca la había visto don Jorge tan hermosa ni tan expresiva! ¡Entonces sí que parecía una reina!

—Angustias... —continuó diciendo, o más bien tartamudeando aquel héroe de cien combates, de quien tanto se prendó la joven madrileña al verlo revolverse como un león entre cientos de balas—. ¡Bajo una condición precisa, inmutable, cardinal, tengo el honor de pedirle su mano, para que nos casemos, cuando usted diga; mañana..., hoy..., en cuanto arreglemos los papeles..., lo más pronto posible; pues yo no puedo ya vivir sin usted!...

La joven dulcificó su mirada, y comenzó a pagar a don Jorge aquel verdadero heroísmo con una sonrisa tierna y deliciosa.

—¡Pero repito que es bajo una condición!... —se apresuró a añadir el pobre hombre, conociendo que la mirada y la sonrisa de Angustias empezaba a trastornarlo y derretirlo.

—¿Bajo qué condición? —preguntó la joven con hechicera calma, volviéndose del todo hacia él, y fascinándole con los torrentes de luz de sus negros ojos.

—¡Bajo la condición —balbuceó el catecúmeno— de que si tenemos hijos... los echaremos a la Inclusa! ¡Oh! ¡Lo que es en esto no cederé jamás! ¿Acepta usted? ¡Dígame que sí, por María Santísima!

—Pues ¿no he de aceptar, señor capitán Veneno? —respondió Angustias, soltando la carcajada—. ¡Usted mismo irá a echarlos!... ¿Qué digo?... ¡Iremos los dos juntos! ¡Y los echaremos sin besarlos ni nada, Jorge!... ¿Crees tú que los echaremos?

Tal dijo Angustias, mirando a don Jorge de Córdoba con angelical arrobamiento.

El pobre capitán se sintió morir de ventura; un río de lágrimas brotó de sus ojos, y exclamó estrechando entre sus brazos a la gallarda huérfana:

—¡Conque estoy perdido!

—¡Completísimamente perdido, señor capitán Veneno! —replicó Angustias—. Así, pues, vamos a almorzar; luego jugaremos al tute; y, a la tarde, cuando venga el Marqués, le preguntaremos si quiere ser padrino de nuestra boda, cosa que el buen señor está deseando, en mi concepto, desde la primera vez que nos vio juntos.

III. Etiamsi omnes

Una mañana del mes de mayo de 1852, es decir, cuatro años después de la escena que acabamos de reseñar, cierto amigo nuestro (el mismo que nos ha referido la presente historia) paró su caballo a la puerta de una antigua casa con honores de palacio, situada en la Carrera de San Francisco de la villa y corte; entregó las bridas al lacayo que lo acompañaba, y preguntó al levitón animado que le salió al encuentro en el portal:

—¿Está en su oficina don Jorge de Córdoba?

—El caballero —dijo en asturiano la interrogada pieza de paño— pregunta, a lo que imagino, por el excelentísimo señor marqués de los Tomillares...

—¿Cómo así? ¿Mi querido Jorge es ya marqués? —replicó el apeado jinete—. ¿Murió al fin el bueno de don Álvaro? ¡No extrañe usted que lo ignorase, pues anoche llegué a Madrid, después de año y medio de ausencia!...

—El señor marqués don Álvaro —dijo solemnemente el servidor, quitándose la galoneada tartera que llevaba por gorra— falleció hace ocho meses, dejando por único y universal heredero a su señor primo y antiguo Contador de esta casa, don Jorge de Córdoba, actual marqués de los Tomillares...

—Pues bien: hágame usted el favor de avisar que le pasen recado de que aquí está su amigo T...

—Suba el caballero... En la biblioteca lo encontrará. S. E. no gusta de que le anunciemos las visitas, sino de que dejemos entrar a todo el mundo como a Pedro por su casa.

—Afortunadamente... —exclamó para sí el visitante, subiendo la escalera— yo me sé de memoria la casa, aunque no me llamo Pedro... ¡Conque en la biblioteca!..., ¿eh? ¡Quién había de decir que el capitán Veneno se metiese a sabio!

Recorrido que hubo aquella persona varias habitaciones, encontrando al paso a nuevos sirvientes que se limitaban a repetirle: El señor está en la biblioteca..., llegó al fin a la historiada puerta de tal aposento, la abrió de pronto, y quedó estupefacto al ver el grupo que se ofreció ante su vista.

En medio de la estancia hallábase un hombre puesto a cuatro pies sobre la alfombra; encima de él estaba montado un niño como de tres años, espoleándolo con los talones, y otro niño, como de año y medio, colocado delante de su despeinada cabeza, le tiraba de la corbata, como de un ronzal, diciéndole borrosamente:

—¡Arre, mula!

Historia de mis libros

I. Explicación

Ni soy yo el primer escritor que a la vejez ha caído en la cuenta de que le convenía redactar por el mismo el Prólogo general de sus Obras, ni deja de ser necesario que todos los autores realicen, como despedida, algo semejante.

Porque, una de dos: o no tienen en nada sus libros, en cuyo caso deben quemarlos y prohibir a sus herederos que los reimpriman, o los consideran dignos del público, ya sea por debilidad de padre, ya por deferencia a los lectores que pagan: y, en este segundo caso, que es el mío, deben defender aquello que venden; deben deshacer errores y embustes acerca de su origen y significado; deben contestar a criticas basadas en materiales equivocaciones o falsos razonamientos; deben, en fin, poner las cosas en su punto y lugar, para que, llegada la hora de la muerte, no salga cualquier amigo o enemigo desfigurando las intenciones del inerme difunto, con risa o rabia de los pocos o muchos parciales discretos que le queden y, por de contado, con aflicción y pena de los propios hijos que Dios bendiga, en cuanto a los míos toca.

Aquí tenéis, en cuatro palabras, la explicación del epítome o testamento literario que vais a leer; testamento que pienso escribir con la religiosa sinceridad correspondiente a toda confesión, sin dar oídos para nada al agravio, a la vanidad, ni a la conveniencia. De todo lo cual se deduce que sigo en el voluntario propósito, declarado tres años ha en la dedicatoria de LA PRODIGA, de no componer ningún nuevo libro (fuera de la terminación de mis Viajes por España), y que no me ya del todo mal en esta que llamaré barrera del circo literario, viendo ponerse en paz el Sol de mi trabajada vida, mientras que allá abajo, sobre la ingrata arena, prosiguen luchando serviles autores y temerarios críticos de la moderna estofa, quienes no se afanan ya por enaltecer sobre el pedestal del Arte los más puros afectos del alma, sino por complacer a la turbamulta, regalándole cromos y fotografías de las peores ruindades del humano cuerpo.

Podrá ser, con todo, antiguos lectores míos, amantes de lo ideal y de lo decoroso, que el presente inventario resulte, al cabo de mis días, tarea incompleta, por lo temprana (suponiendo, y no es mucho suponer, que, antes de morirme, vuelva a la liza en uso de mi derecho, y componga y publique algunas novelas, de las muchas que aun me bullen en el magín); pero conste desde ahora que, si tal ocurre, las nuevas obras llevarán al frente una especie de codicilo, que mis editores póstumos tendrán la dignación de agregar a este mi testamento, con el fin de librarlas también, por todos los siglos de los siglos, de torcidas interpretaciones, y dejar asentado de un modo indudable que jamás contribuí, directa ni indirectamente, a la ruina del idealismo en España, ya que no bastasen mis escritos, por falta de mérito exterior, a libertar a nuestro siempre descuidado país de los estragos de la impiedad y del mal gusto.

Y hechas estas advertencias, que, hablando ahora más juiciosamente, considero inútiles y petulantes, por cuanto la concienzuda posteridad y mi oscuro nombre no llegarán nunca a darse los buenos días, paso a redactar la anunciada pobrísima Historia de mis libros, aunque no sea más que para entretenimiento privado de mis herederos y sucesores.

II. Poesías

En la ciudad de Guadix, que tiene Catedral, Alcazaba árabe, río, huertas, vega, olivares, viñas, sierras, Batallón provincial (hoy de depósito), Juez de ascenso, dos lápidas romanas y un alto relieve fenicio, escribí desde la edad de diez años a la de diez y nueve mis primeros versos, artículos y novelas...

¿Quién me enseñó? Nadie. Yo no soy discípulo de ningún don Alberto Lista, grande ni pequeño. Sírvame esto de disculpa, o sirva más bien de disculpa a mis obras, dado que no comencé a literatear por selección ni por capricho, sino cediendo a una fuerza interior, tan espontánea y avasalladora como las de la vida, orgánica, y dado también que me fue desde luego forzoso tomar la cosa por oficio y entregar a la imprenta mis pobres borrones, so pena de quedar enterrado en Guadix y cantar misa, cuando mi vocación era el matrimonio, o verme obligado a desmentir en algún taller o mercería mi calidad de nieto de un hidalgo que vivió y murió «libre y exento de pagar ni contribuir en los pechos, derechos e servicios Reales ni Concejales, como los otros buenos homes pecheros», según que reza la Ejecutoria del padre de mi padre, al tenor de otras de sus ascendientes, escritas en letra gótica.

Dicho sea en verdad, casi ninguna de las composiciones poéticas de aquellos albores de mi vida va en esta colección, ni fue tampoco en la primera, que publiqué el año de 1870 bajo el título de Poesías serias y humorísticas... Comienzo sin embargo, por aquí esta reseña bibliográfica, en atención a que mi primer tartamudeo literario consistió en componer versos, por virtud de no sé qué fatalidad innata, como la que dibuja las facciones de cada rostro... No quiere esto significar que aquellos frutos silvestres dejaran de ser bordes y detestables... Pero bueno es haceros saber que de los nueve a los catorce años de edad, no solo canté, como todo el mundo, el natalicio y los días de mis padres y hermanos, sino también las excelencias de cierta mina que nos costó al cabo mucho dinero, la toma de posesión de un Obispo, el antiguo poderío de los Moros, las ceremonias religiosas de la Catedral, los milagros del varón apostólico San Torcuato y los grandes espectáculos de la naturaleza, mañana, tarde, noche, Luna, eclipses, etc., etc.; todo lo cual (refiérome a las canciones) fue pasto de las llamas al poco tiempo.

Llegado a la crisis fisiológica en que la ley permite al hombre hacer testamento y casarse; esto es, llegado a la pícara pubertad, cambié de musa a la par que de voz y de nariz; y la mujer, el amor, la idolatría física o las ilusiones poéticas referentes a tal o cual hija de Eva que solo se diferenciaba de mí en algunos pormenores de forma y ropaje, fueron exclusivo objeto de mis cantos. «A sus ojos...» «A su boca...» «A su pie...» «A su pañuelo...» «A su abanico...», y también «A sus juramentos...» «A su veleidad...» «A su perjurio...» «A su olvido...» «A su muerte...», se titulaban todas aquellas composiciones, escritas en una torre de mi casa, antes o después de ir cotidianamente al Seminario a cursar la Sagrada Teología...; y de todas ellas tampoco resta nada, supuesto que perecieron también en la hoguera.

Espronceda y Zorrilla me habían servido de modelos hasta entonces. Los cómicos de la legua, que solían hambrear en Guadix por tiempos de feria, me recitaban de memoria los cantos de aquellos dos famosísimos vates. Y así compuse, y quemé también, de los catorce a los diez y seis años, cuatro dramas en octosílabos y endecasílabos, que por cierto me valieron, en el Liceo o teatro de aficionados de aquella ciudad, triunfos y coronas sin número, solo envidiables (pronto lo discerní) por lo mucho que me gustaba la graciosa joven que representaba el papel de protagonista y a quien regalaba yo todos mis laureles. Murió pocos años después aquella infortunada, y los necrológicos versos titulados Las Nubes, que escribí pensando en ella poco antes de salir de mi pueblo, son los más antiguos que figuran en esta colección, y tal vez los únicos salvados de tan repetidos y justos autos de fe.

Prosiguiendo la historia de mis Poesías, sin perjuicio de regresar luego hacia los primeros años para tomar desde el principio mis obras en prosa, diré que, entre lo quemado en otra hoguera posterior, figura una Continuación de El Diablo-Mundo, principiada en Guadix en 1851, proseguida en Madrid en 1853, y anulada completamente por la que publicó al poco tiempo el insigne amigo de Espronceda, don Miguel de los Santos Álvarez. Puedo decir que, desde entonces, no volví a versificar con propósito de alcanzar honra o provecho, sino por encargo de tal o cual amigo por razones domésticas o por compromisos sociales... Habíame convencido de que, entre ser poeta con toda el alma (como yo lo era por sensibilidad y entusiasmo del corazón y de la mente), y ser cantor en verso, con la entonación, el ritmo y la necesaria sublimidad de formas, hay esencialísimas diferencias, y de que mi propia excesiva facilidad para explicarme en tal o cual metro distaba mucho del verdadero canto; en el cual, lo mismo que en la buena música, hay que decir las cosas, no con expresiones directas, claras y terminantes, sino por medio de instintivas y misteriosas fórmulas semirreticentes, o sea en un lenguaje vago, simbólico y algo sibilítico, donde mucho tenga que adivinar y suplir, por ley de repercusión armónica, el excitado espíritu del auditorio. «Sientes bien la poesía (díjome en 1856 Eulogio Florentino Sanz); pero reflexionas después demasiado, y concluyes por expresarla con sobrada claridad y lisura. No naciste para cantar, sino para pintar exactamente la vida interior y la exterior... No cantes: escribe.»

Si, a pesar de haberme dado yo mismo cuenta, antes que nadie, de lo que al cabo tuvo la franqueza de decirme el inmortal autor de la Epístola a Pedro, llegué, andando el tiempo, a reunir en un tomo las poesías que había compuesto para mi uso particular, o por compromiso, se debió a que cierta mañana del mencionado año de 1870 me comprometieron a ello (creo que por afición a mi persona y a los hechos consumados) mis nobles amigos don Antonio Cánovas del Castillo, don Juan Valera y don José Luis Albareda, en reunión sin objeto que celebrábamos en casa de este último... Suministró Cánovas el título, diciendo que debían llamarse «Poesías serias y humorísticas»; ofreció Valera hacer el Prólogo, que por cierto fue una maravilla de ingenio y amabilidad, y brindóse Albareda a anticipar los gastos de la edición; alegando los tres, como réplica a mis escrúpulos, todas las especiosidades afectuosas y benévolas que estampa en dicho Prólogo el insigne autor de Pepita Jiménez. Todo esto en cuanto a la primera edición... Si después, más convencido que nunca de que no nací cantor, he reimpreso voluntariamente el tomo de mis humildes poesías, y aun hoy mismo conozco que lo reimprimiré siempre que se agote, débese a que yo estoy más prendado que nadie del asunto de muchas de ellas, y a que no puedo menos de respetar, antes que mi nombradía literaria, algunas circunstancias íntimas que les conciernen. Observad, como ejemplo, que al frente de la colección va una dedicatoria en verso «A mi mujer»; observad que por el canto épico El Suspiro del Moro gané en el Liceo granadino la medalla de oro y una corona de plata, y que todo ello lo dediqué a mi primogénita; observad, en fin, que muchos de los demás versos están dirigidos «A mi hija», «A la bandera del Batallón de Ciudad-Rodrigo», a la muerte del inolvidable niño, a distinguidas damas, a excelentes amigos, etc., etc... ¿Por qué he de tener la soberbia de renegar de tales obras, absteniéndome de reimprimirlas, cuando son del agrado de personas tan amadas y homenaje precisamente del amor que les tengo? ¿A qué tanta ferocidad, por mucho que me disgusten las llanezas de mis poesías? ¿No queda a salvo mi conciencia literaria con declarar, como declaro sin esfuerzo alguno, que no soy cómplice impenitente de mi casera musa?

En cambio, me puedo ufanar, y me ufano para concluir, de que en ninguna de mis composiciones poéticas hay nada contra las buenas costumbres ni contra las sanas doctrinas, por lo cual les concedo de nuevo aquel exequátur que denominaban nuestros padres «Las licencias necesarias».

III. El final de Norma

Respecto de esta afortunada novela, tengo que hacer también, ante todo, alguna observación cronológica. Aunque se dio a luz por primera vez cuando ya había yo publicado otros escritos insertos hoy en las Colecciones de Novelas cortas y de Cosas que fueron, la verdad es que El final de Norma debe considerarse como mi más antigua obra en prosa, si se exceptúa el artículo titulado Descubrimiento y paso del Cabo de Buena Esperanza.

Compuse efectivamente El final de Norma en Guadix, a la edad de diez y siete a diez y ocho años, «cuando solo conocía del mundo y de los hombres lo que me habían enseñado mapas y libros», según dije mucho después al dedicar la 4.ª edición a su traductor de París Mr. Charles d'Iriarte.

Aficionadísimo a la Geografía, por lo mismo que me consideraba preso para siempre en aquella estacionaria ciudad rodeada de cerros, había imaginado cuatro novelas, congruentes entre sí, que formarían una sola obra, titulada Los cuatro puntos cardinales, cuya primera parte (el Norte) se denominaría El final de Norma. Por cierto que, cuando en 1868 me vi nombrado Ministro Plenipotenciario en Suecia y Noruega, extraordinaria región, casi fantástica para mí, por donde hice viajar al enamorado violinista y a su amigo Alberto, y en donde suponía haber nacido Brunilda, Rurico de Cálix y Oscar el Pirata, parecióme que estaba soñando o que toda mi adolescencia había sido un sueño... De las otras tres partes de aquella tetralogía geográfica no borroneé más que la relativa al Oriente, cuyo irónico título era La Tierra Madre, pues venía a descubrir que la tal madre no es para el hombre sino madrastra, y que la vida natural, al gusto de Bernardino y de Saint-Pierre, o sea lejos de la sociedad y de la civilización, resulta desagradabilísima y hasta imposible para quien no ha nacido entre salvajes. No quedé, sin embargo, muy satisfecho del borrador de La Madre Tierra; y como entonces era yo el único juez y testigo de mis propios ensayos, quemé aquella monótona y facilísima defensa del mecanismo social, y no continué ya en ninguna otra forma Los Cuatro puntos cardinales.

Habíase salvado, empero, El final de Norma, y su borrador figuraba en mi capital, o sea en mi activo, cuando logré sentar los reales en Madrid. Entonces, lo mismo que hoy (añade la citada dedicatoria), tratábase de una novela «falta de realidad y de filosofía, de cuerpo y de alma, de verosimilitud y de trascendencia... Obra de pura imaginación, inocente, pueril, fantástica, de obvia y vulgarísima moraleja, y más a propósito para entretenimiento de niños, que para aleccionamiento de hombres; circunstancias todas que no la recomiendan grandemente cuando el siglo y yo estamos tan maduros...»

Algunas de estas razones (escritas, me parece, en 1878) debieron ya de inquietarme en 1855: ello fue que al copiar en Segovia, donde convalecía de una enfermedad, las primitivas cuartillas de mi novela de muchacho, con objeto de publicarla al mes siguiente en la sabionda villa y corte, obligado a ello por la carencia de metales preciosos, me consideré en el caso de intercalar unos flamantes capitulillos y digresiones, llenos de fingida malignidad y de no sé qué aparente eclecticismo, que dejaban bien puesta, en mi opinión de entonces, la amplitud de espíritu del autor de tan inocente obra. Había yo conocido ya al ingenioso y afrancesado escritor Agustín Bonnat, quien me trató desde luego fraternalmente (para morir tan pronto, y dejarme sin su amenísima compañía), y contagio eran de sus graciosos escritos aquel humorístico aparente, aquel charloteo con el lector, y todas aquellas excentricidades y chanzas con que salpimenté la primera edición de El final de Norma y otras varias publicaciones mías de la misma fecha.

Más adelante renuncié a todo lo que había de postizo y artificial en semejantes bromas literarias, que trastornan las leyes de la perspectiva artística, privando al lector de la ilusión necesaria para tomar como cierto lo fingido, y restablecí en otras ediciones el primer texto de El final de Norma, despojándolo de humorísticas añadiduras. Y que nada perdió por ello, lo demuestra el creciente favor del público, nunca harto de leer, o sea de comprar, la quimérica y arbitraria historia del violinista Serafín y de la jarlesa Brunilda, no sin profundo asombro mío, que jamás he podido explicarme la buena suerte de esta fábula.

Tal vez consista (como también dije a mi buen amigo Iriarte) en que «gracias a Dios, El final de Norma, a juicio de honradísimos padres de familias, puede muy bien servir de recreo y pasatiempo a la juventud, sin peligro alguno para la fe o para la inocencia de los afortunados que poseen estos riquísimos tesoros. ¡Y es que en El final de Norma no se dan a nadie malas noticias, ni se levantan falsos testimonios al alma humana!» De cualquier modo, conste que la crítica más exigente me tendrá siempre a su lado para censurar esta insignificante obra; y no digo más contra ella, por no hacer lo que Ticiano en la decrepitud, que dio en la manía de corregir todos los cuadros a que debía su fama, y lo hacía tan injustamente, que sus discípulos tuvieron que ponerle aceite de olivas en los colores, a fin de borrar luego las enmiendas. No soy yo, ni por asomos, ningún Ticiano literario; pero tampoco he tenido otros títulos que mis obras al muy probado aprecio del público y del Gobierno de mi país, y no es cosa de irlas desacreditando una por una en esta enumeración testamentaria, cuando nadie me lo agradecerá verdaderamente, y yo propio puedo ser algo falible al calificar mis trabajos, aunque no tanto como al componerlos.

Déjome, pues, de escrúpulos, y digo, volviendo a lo puramente histórico, que la primera edición de El final de Norma fue publicada en 1855 por el periódico El Occidente, de que era director mi siempre buen amigo don Cipriano del Mazo. Comenzó por insertar la novela en folletín, y luego la reunió en dos tomitos. La Iberia y La América la publicaron también por aquellos años, y salió, además en mi tomo de Más novelas, que dio a luz don Alfonso Durán, creo que en 1864. El editor de Sevilla, don Francisco Álvarez, hizo otra copiosa edición en 1878, en un volumen de que ya no hay ejemplares, y recientemente la he reimpreso en esta colección uniforme de mis Obras, como parte de la Biblioteca de Escritores Castellanos.

Añadiré, para concluir, que de El final de Norma se han hecho muchas ediciones en la América latina y varias traducciones a lenguas extranjeras...

Es cuanto puedo declarar, y la verdad, como se dice en los tribunales de justicia.

IV. Novelas cortas

Tres series o tomos.

Titúlase el 1.º Cuentos amatorios; el 2.º Historietas nacionales, y el 3.º Cuentos inverosímiles; lo cual demuestra la heterogeneidad del conjunto; pero tendré que hablar indistinta o simultáneamente de los tres volúmenes, a fin de subordinar a una clasificación más crítica y didáctica que la fundada en el asunto, las treinta y ocho obrillas de que se compone la colección entera.

Necesito también advertir que no todas estas Novelas cortas son anteriores en fecha a mis artículos de costumbres, ni a otros escritos en prosa de que hablaré luego, y que si les otorgo aquí prioridad cronológica, débese a que nacieron como producto natural y espontáneo de mi espíritu, según claramente lo muestran los cuentos que hilvané mientras permanecí en Guadix, sin maestro ni mentor alguno, y según lo han proclamado después en muy obsequiosos términos algunos escritores insignes. (Véanse los estudios sobre mis obras debidos a Canalejas, Revilla, Rodríguez Correa y otros críticos.)

Conque pasemos adelante.

Tres maneras, distintas en la forma y en el fondo, ofrecen las Novelas cortas.

Es la primera la de Guadix, la natural, o más bien dicho, la primitiva, algo acomodada, por inclinación propia, a las obras francesas que más me agradaban entonces y de que por casualidad había tenido conocimiento. Comencé rindiendo vasallaje a Walter Scott, Alejandro Dumas y Víctor Hugo; pero me aficioné después con mayor vehemencia a Balzac y a JorgeSand, por hallarlos más profundos y sensibles; y primeras resultas (muy desmedradas, como fruto de mi pobre imaginación) de tantas y tan diferentes influencias fueron El clavo, El amigo de la muerte, Buena pesca, El extranjero, El asistente, La buenaventura, Fin de una novela, El Rey se divierte, Dos retratos y Los ojos negros. Hoy creo discernir que en estos ensayos predomina la influencia de Alejandro Dumas (siempre me refiero al padre), y lo que desde luego puedo afirmar es que de todos ellos preferí al cabo los puramente narrativos a los descriptivos y a los filosóficos, y que por esta razón insistí varias veces, fuera ya de Guadix, en relatar breves episodios o tradiciones nacionales, correspondientes por lo común a nuestra guerra de la Independencia, como El carbonero alcalde, El afrancesado, ¡Viva el Papa! y El ángel de la guarda. Están vaciados también en los moldes que adopté en mi pueblo La corneta de llaves, Las dos glorias, Una conversación en la Alhambra, El año en Spitzberg, y otras obrillas del mismo orden.

Ya he referido más atrás lo que me aconteció recién llegado a Madrid, por haberme aficionado un querido amigo a sus rarezas literarias (aprendidas por cierto del entonces muy en candelero y siempre admirable Alfonso Karr, cuyas originalidades más chocantes y superfluas imitaba mí buen Agustín, y no lo verdaderamente humorístico, sentimental y filosófico del afiligranado autor francés). Consecuencia de aquella aberración de Bonnat y mía fue el que yo escribiese diez o doce novelillas estrafalarias o bufonas, que muy mal hicieron en celebrarme tanto algunos periódicos, y que llevan por título: El abrazo de Vergara, La belleza ideal, Los seis velos, ¿Por qué era rubia?, Soy, tengo y quiero, etc. Afortunadamente, debajo de aquellas chanzonetas y extravagancias había un pensamiento sano y hasta muchas veces ascético, cual es la constante burla que hago de los necios presumidos, de los cursis que todo lo juzgan extraordinario, y muy especialmente de los que confunden con el idealismo el amor puramente carnal... ¡A no ser así, habría renegado completamente de tales bromas, eliminándolas de esta colección! Y es cuanto tengo que decir de mi segunda manera como novelista, celebrando que fuera la más transitoria.

Antes del largo paréntesis que hay en mi vida literaria (de 1863 a 1874), durante el cual dediqué exclusiva atención, por espíritu quijotesco, a los intereses de cierto partido político y a las cuestiones de campanario, que servían de base a mi poderío electoral, había ya renunciado a aquella superficialidad aparente y cinismo postizo, imitados de la bohemia de París, donde es casi consubstancial del ingenio, y, dicho sea con la debida humildad, era ya autor de algunas otras novelillas, escritas en manera más española, ingenua y grave, que si, por un lado, recordaban mis primeros ensayos de Guadix, respondían por otro, aunque imperfectísimamente, al dogma de mis nuevos ídolos, o ya verdaderos dioses literarios, Cervantes, Goethe, Manzoni, Quevedo, los propios Walter Scott y Balzac (éste mejor apreciado), Goltmits, Dickens y demás novelistas que armonizan la realidad y el espiritualismo, y sobre todo revelaban mi culto al más prodigioso explorador del alma humana: ¡á Shakespeare! Solamente como tenue luz crepuscular llegaba a mis nuevos escritos, por falta de diafanidad de mi inteligencia, el fulgor de estos inmortales modelos, neutralizado también por el invencible ascendiente que siempre ha ejercido sobre mí la sublime, pero enervante poesía de lord Byron... Con todo, a los otros debióse el que mis últimas Novelas cortas de la tercera época tuviesen ya, a falta de otro mérito, la serenidad y circunspección que algunos han hallado en El coro de ángeles, en La Comendadora (que tanto complacía a nuestro inmortal Ayala), en La última calaverada, en la Novela natural y en Moros y cristianos, y aun en Sin un cuarto, y en el rapidísimo epigrama denominado Tic... tac..., con ser estos últimos tan atrevidos en la forma.

Viene aquí como de molde corroborar la anterior aseveración de que el fondo de todas mis Novelas cortas es sano y hasta ascético, por más que estén escritas en mis más procelosos años. Respecto del tomo de Historietas Nacionales no necesito aducir ninguna prueba: la patria y la gloria les sirven de exclusivo argumento. Y, en cuanto a las Narraciones inverosímiles, creo que les alcanza de medio a medio lo que dije de los Cuentos amatorios, al dedicárselos a mis amigos Catalina y Calonje. He aquí los términos de aquella defensa:

«Cuentos amatorios se titula esta serie de novelillas, y amatoria es efectivamente, hasta rayar en alegre y aun en picante, la forma exterior de casi todas ellas. Pero, en buena hora lo diga, ni por la forma, ni por la esencia, son amatorios al modo de ciertos libros de la literatura francesa contemporánea, en que el amor sensual se sobrepone a toda ley divina y humana, secando las fuentes de las verdaderas virtudes, talando el imperio del alma, arrancando de ella la fe y la esperanza, y destruyendo los respetos innatos que sirven de base a la familia y a la sociedad.

Mis cuentos son amatorios a la antigua española, a la buena de Dios, por humorada y capricho, como tantas y tantas novelas, comedias y poesías de nuestros antiguos y célebres escritores, en que, sin odio ni ataque deliberado a los buenos principios, ni aflicción, ni bochorno del género humano, se describían festivamente, y en són de picaresca burla, excesos y ridiculeces de estrambóticos amadores y de equívocas princesas, de paganos y de busconas, de rufianes y de celestinas, con los chascos, zumbas y epigramas que requería cada lance, todo ello teñido de un verdor primaveral y gozoso, que más inducía a risa que a pecado.

Nadie podrá desconocer que, en este punto; mis cuentos amatorios, no solo no traspasan nunca los límites en que supieron contenerse Cervantes, Quevedo y Tirso, sino que rara vez llegan a sus inmediaciones. Por lo que respecta al fondo, creo haber sido más consecuente con la moral que ningún narrador de historias de aquel linaje, supliendo así con buenas doctrinas al mérito literario y artístico que faltaba a mis obras. Siempre me he complacido en deducir útiles enseñanzas y provechosas consecuencias de mis narraciones más libres de dibujo, y más subidas de color, como se ve en El coro de ángeles, en La última calaverada y en La belleza ideal, escritas dos de ellas a la edad de veinte años: lo cual demuestra, en definitiva, que la tesis de mi Discurso Académico sobre la Moral en el Arte no ha sido, como afirmaron algunos críticos, flamante convicción de mi edad madura, sino regla constante de toda mi vida literaria.»

Y basta de defensas de autor, que siempre son algo ridículas, hasta cuando las hace, ultratumba, todo un Chateaubriand. Oid, en cambio, algunas aclaraciones de editor acerca de cada cual de las Novelas cortas.

He incluído entre ellas el trabajillo geográfico titulado Descubrimiento y paso del Cabo de Buena Esperanza, porque no sabía dónde meterlo, y no quería dejar de conservarlo en la colección de mis Obras. La explicación de este capricho hállase consignada en la siguiente nota, que figura en el tomo y lugar correspondientes: «Este opúsculo fue mi primer trabajo literario en Prosa. Se publica cuando tenía yo diez y siete o diez y ocho años; pero lo escribí a los quince. Léase, pues, con indulgencia. Lo inserto en la presente coleeción, y lo he insertado en otras, por invencible cariño al primer fruto de esta pluma, ya tan cansada, a que debo cuanto soy y pueda ser en la vida.»

Con El amigo de la muerte me ha ocurrido una cosa singularísima. Contóme mi abuela paterna su argumento, cuando yo era niño, como me contó otros muchos cuentos de brujas, duendes, endemoniados, etc. Lo escribí en compendio antes de salir de Guadix, y lo publiqué en un semanario de Cádiz, titulado El Eco de Occidente. Visto su éxito, lo amplié en Madrid y volví a publicarlo en La América; y desde entonces hice de él ediciones continuas en mis colecciones de novelas. Pues bien: hace pocos meses, un amigo queridísimo me contó que acababa de oir cantar en el teatro Real de esta villa y Corte una antigua ópera, titulada Crispino e la Comare, cuyo argumento venía a ser el mismo, mismísimo, de El amigo de la muerte. Nunca había visto yo aquella ópera, aunque sí la conocía de nombre. Por otra parte, ningún crítico ni gacetillero, de los muchos que han analizado minuciosamente mis escritos, me habla acusado por tal semejanza, que parecía denunciar el más imprudente y cándido de los plagios... Protesté, en consecuencia, contra la afirmación de mi amigo, no pudiendo admitir que dos autores concibieran independientemente dos fábulas tan parecidas... Pero mi amigo (que es catalán) se calló, compró el libreto de Crispino e la Comare y me lo envió... ¡Figuraos mi asombro! ¡El asunto de ambas obras no tenía meramente semejanza! ¡Era el mismo, con la circunstancia agravante de que la ópera llevaba fecha anterior a mi cuento! ¡Luego yo había sido el plagiario!... Pero ¿cómo, sin conciencia de lo que hacía? ¿Cómo, si mi memoria, mi entendimiento y mi voluntad me declaraban inocente? Pronto caí en la cuenta de lo que sin duda alguna había acontecido: el cuento, por su índole, era popular, y las viejas de toda Europa lo estarían refiriendo, como las de España, Dios sabe desde qué centuria. ¡Al autor de Crispino e la Comare se lo había contado su abuela y a mí me lo había contado la mía! Por lo demás, excusado es decir que entre la obra lírico-dramática y mi cuento notábanse sobradas diferencias externas para justificar esta explicación. En la ópera, la Muerte es una vejezuela innoble, y en la mía un caballero invisible, que ejerce la medicina. El discípulo de la negra deidad es casado en la fábula extranjera, y soltero en la mía. Allí resuelve grotescos y ruines conflictos de un matrimonio vulgar; aquí da origen a un drama fantástico, con ínfulas de cósmico... En suma: no habrá quien me acuse de plagio, por grande que sea su mala fe; y, de todos modos, conste a los leales que yo he sido el primero en delatar al público esta pícara casualidad.

Prosigamos.

La comendadora es totalmente histórica. Solo he cambiado nombres y fechas, y algún que otro pormenor inenarrable del empeño del niño... El caso ocurrió efectivamente en Granada.

El coro de ángeles tiene también fundamento real, aunque está mucho más disfrazado. Ya había yo escrito años antes una autopsia, titulada La fea, que figura en mi tomo de Cosas que fueron, donde genéricamente se ve a Casimira de cuerpo entero. Alejandro y Elisa andan por el mundo. La Baronesa debe de haber fallecido... o capitulado.

La Novela... natural ofrece el solo mérito de no ser natural, aunque lo parece. No contiene más realidad que la que mi imaginación le haya prestado al hacer esta especie de ensayo de naturalismo decoroso. Aun así, me desagrada el género fotográfico en las novelas.

El Clavo es, por lo tocante alfondo del asunto, una verdadera causa célebre, que me refirió cierto magistrado granadino cuando yo era muy muchacho. Como algunas otras novelillas mías, primero la escribí y publiqué muy sucintamente, y la desarrollé después en ediciones sucesivas. Ha sido traducida a muchas lenguas, y aun me consta que en Austria sirvió de argumento a un drama, que no sé si se representó. El autor austriaco me escribió hablándome de su manuscrito en Diciembre de 1868, y después no he vuelto a tener noticias suyas ni de su obra.

La última calaverada, La Belleza ideal y El Abrazo de Vergara no se fundan en sucesos reales y efectivos, fuera de algunos accidentes secundarios. Por ejemplo: lo de la niebla y el caballo, que sirve de recurso dramático a la primera, le sucedió a un Jefe político de Cáceres, bien que no en lance de amores. Respecto de La Belleza ideal, indicaré que, aunque escrita después que El Coro de Ángeles, viene a ser completamente del austero sentido de esta defensa del alma humana contra la idolatría de la belleza puramente carnal.

Sin un cuarto... aconteció al pie de la letra, tal y como se refiere, por inverosímil que parezca el suceso. Y no digo más, en atención a que viven el actor y los testigos.

¿Por qué era rubia?, esto es, el modo y forma como refiero que se llevó a cabo aquella regata, no discrepa en nada de la verdad. ¡Oh dulces recuerdos!...

En Tic... tac... no hay ni una sola palabra inventada por mí. Vivo está el héroe, suponiendo que el héroe sea el amante y no el propio marido.

El Carbonero Alcalde. El Afrancesado. ¡Viva el Papa! El Extranjero. El Angel de la Guarda. La Buenaventura. La Corneta de llaves. El Asistente. Buena pesca. El Rey se divierte, y El Libro talonario son también históricos al pie de la letra. Ó los he oído contar a fidedignos testigos presenciales, o los he extractado de documentos incontrovertibles. Yo soy poco aficionado a inventar historias.

Todos los versos de autor religioso anónimo que se citan en el Fin de una novela siguen escritos en las paredes del convento de que allí se trata. Conste, antes de que lo echen abajo.

Una conversacidn en la Alhambra es pura fantasía. Lo confieso.

Dos retratos tiene de todo. Léase la historia del emperador Carlos V, por Fr. Prudencio Sandoval, y se verá que, en el fondo, no he inventado nada, por mucho que haya exagerado, como otros autores, el amor del Duque de Gandía a la Emperatriz.

En La mujer alta, desde la primera letra del relato hasta el final del segundo encuentro de Telesforo con la terrible vieja, no se refierree ni un solo pormenor que no sea la propia realidad. ¡Lo atestiguo con todo el pavor que puede sentir el alma humana!

Los seis velos contienen algunos cuadros tomados de la vida ordinaria; pero su conjunto, como el de Moros y Cristianos, Soy, tengo y quiero, Los ojos negros y El año en Spitzberg, es pura química de mi imaginación.

Para concluir: si además de las Novelas cortas contenidas en los tres tomos publicados por la Colección de Escritores

Castellanos, aparecen algunas otras de mi juventud, conste que reniego de ellas y que prohibo absolutamente su reimpresión, por considerarlas insubstanciales y de mal gusto. No son, empero, menos inocentes que las que reconozco y sigo reimprimiendo; pues vuelvo a decir que en ninguno de los trabajos de aquellos tiempos en que los críticos racionalistas me suponen indiferente como rnoralizador, hay concepción o relato que no lleve el sello del idealismo más puro, o en que deje de proponerme un fin consolador y edificante, bien que a las veces se reduzca a ridiculizar el falso amor y el sensualismo, como se ve en mis más picantes novelillas, desde La Belleza ideal hasta Sin un cuarto, desde El Coro de Angeles hasta Tic... tac... Y así se explica que en aquella época (1858) diese yo el primer grito de alarma contra el naturalismo y el vulgarismo, con un artículo condenatorio de La Fanny, de M. Feydeau; artículo que inició entre nosotros la campaña defensiva de la sociedad y de la literatura, en que después me he visto tan bien acompañado.

Nota bene. Las Novelas cortas y demás trabajos contenidos en un tomo que publiqué con el título de Amores y Amoríos, han pasado a formar parte de los correspondientes volúmenes de la colección de mis Obras.

En consecuencia, y siendo, como es, otra vez mía, por haber pasado cierto plazo, la propiedad de dicho tomo, del que solo enajené aquella edición, no hay fundamento para que ni mis herederos ni nadie reimpriman separadamente los tales Amores y Amoríos.

V. Cosas que fueron

De los muchos artículos de costumbres y de las muchísimas Revistas de Madrid que di a luz durante mi primera época literaria, solo he juzgado coleccionables diez y seis, que son los contenidos en este volumen. Excluí y arrumbé los restantes, porque eran de transitorias circunstancias e interés pasajero; y, fundado en la misma razón, ordeno y mando en esta disposición testamentaria que nunca jamás se resuciten por mis causahabientes. ¡Basta y sobra con los diez y seis susodichos, para que el ingeniosísimo autor del prólogo de Cosas que fueron, señor Rodríguez Correa, y los demás escritores que tanto me han mimado en todo tiempo, considerándome como una especie de regenerador o novador de los artículos de costumbres españolas, se vean negros ante la formidable crítica moderna, siempre que se propongan justificar tan indulgente y benévolo dictamen!

Los tranquilizaré, sin embargo, hasta cierto punto, manifestándoles que mucha parte del público español y extranjero sigue siendo cómplice de su equivocada opinión; que la venta del afortunado tomo se sostiene y hasta progresa; que todos los años publican algunos periódicos, sin mi permiso, varias de las citadas obrillas, como La Noche buena del poeta y Lo que se ve con un anteojo, y que otras se ven traducidas frecuentemente a lenguas extranjeras, con particularidad El Pañuelo, El Maestro de Antaño y la mencionada Noche buena.

Por lo que a mí toca, decidme: ¿qué puedo hacer ya, a la altura en que estamos, sino continuar reimprimiendo este volumen, cada vez que se agote, aunque haya habido algún escritor implacable que no me incluya entre los articulistas de costumbres de nuestra España? ¡Mucho respeto la censura omisa de este crítico; pero no me creo por ello en el deber de casar, según se dice jurídicamente, la favorable sentencia de tantos generosos panegiristas, suprimiendo un antiguo libro que todavía me renta algunos maravedises!

En lo demás, o sea en lo referente al fondo de Cosas que fueron, reproduzco aquí al pie de la letra cuanto más atrás dejo expuesto acerca del espiritualismo y sentido grave y docente de todas mis Novelas cortas, aun de aquellas más festivas y alegres en lo exterior. Únicamente añadiré (por ser cosa que cierto periódico puso en duda hace poco tiempo) que hoy, día de la fecha, treinta años después de haber escrito el artículo Lo que se ve con un anteojo, soy tan enemigo de la pena de muerte como entonces, y como lo seré el resto de mi vida. Es decir, que si mañana o el otro, en unas Cortes de que yo formara parte, se legislase sobre esta materia, mi voto sería contrario a la pena capital. Del propio modo, si hoy fuera magistrado o ministro, cumpliría o haría cumplir las actuales leyes de mi patria, por mucho que me doliese la aplicación de las que, como ésta, repugnan a mi personal criterio. Y es que, cuando el hombre vive en sociedad, y, sobre todo, cuando interviene en las funciones del Estado, no puede hacer exclusivamente su gusto.

He dicho.

VI. El hijo pródigo

Si Dios me da tiempo, corregiré este drama; en cuyo caso otorgaré permiso para que pueda volver a ser representado... cuando yo pase a mejor vida. ¡Antes no!

La principal enmienda que pienso hacerle será a costa de excesivo prosaísmo de su exterioridad, contrapuesto deliberadamente, cuando lo escribí, al exuberante lirismo de que adolecían entonces casi todas nuestras obras dramáticas. Aquella mi exagerada sencillez de estilo, de indumentaria y de recursos de guardarropía, me valió celebraciones de muchos literatos de buen nombre; pero hoy se me alcanza que, sin tocar por ello en lo falso ni en lo inverosímil, hay que dar al arte lo que le corresponde, haciendo que las creaciones del ingenio sean algo más interesantes o seductoras que la común realidad de cada día. Poetizaré, pues, un poco (si corrijo el drama) la condición social, el estilo y el equipo escénico de algunos personajes. ¡Y nada más, supuesto que, en el fondo y en la acción, la crítica acerba de los folletines me dejó a oscuras acerca de lo que debí hacer o no hacer para que la obra fuese de su agrado, como plugo a Dios que lo fuera del de mi buen amigo el público!

Por lo que respecta a la representación de El hijo pródigo, verificada en Madrid el 5 de noviembre de 1857, a beneficio del primer actor don Joaquín Arjona, creo necesario ceder la palabra a dos de mis biógrafos, que tratan el asunto como yo no podría hacerlo en manera alguna.

Decía uno de ellos en 1869:

«En 1857 se representó en el teatro del Circo un drama en tres actos y en verso, original de Alarcón, titulado El hijo pródigo. Todos los criticados por el autor, es decir, la mayor parte de los poetas, artistas y actores de la Corte, cayeron sobre esta obra como sobre una presa que se arrojaba a su vengativo encono. El drama se salvó, sin embargo; fue muy aplaudido, y proporcionó al autor, llamado repetidas veces al palco escénico, un legítimo triunfo. Mas ni aun así retrocedió el odio. Algunos periódicos, no contentos con criticar apasionadamente el drama, dedicáronse a mentir con cínico descaro; y mientras el público lloraba y aplaudía una noche y otra en el teatro del Circo, la gacetilla contaba que

El hijo pródigo había sido silbado, y que nadie acudía a sus representaciones, o que los aplausos que se le tributaban eran comprados, cuando no aconsejaba ¡cosa inaudita!, QUE SE DEJASE DE IR AL CIRCO..., creándose de aquí en el concepto público, acerca del éxito de la obra, una confusa idea, que el tiempo no ha dejado aclarar, ni podrá aclararse enteramente, mientras el autor no desista de su empeño de impedir que vuelva a representarse El hijo pródigo.

Doce años van pasados desde estos sucesos, y Alarcón no ha vuelto a escribir para el teatro. ¡Tanto le repugnó aquella inicua confabulación de la venganza, de la injusticia y de la impotencia! Que El hijo pródigo tiene defectos, es indudable; pero ¿son perfectas las obras que aplaudían en aquel entonces los detractores del drama de Alarcón? Afortunadamente, una nueva generación de escritores, desprovistos de aquellos odios, ejerce hoy el magisterio de la crítica y administra la publicidad, y esta generación, al leer El hijo pródigo, ha vuelto ya muchas veces por los fueros de la justicia. En cuanto a nosotros, somos demasiado amigos de Alarcón para emitir nuestra opinión en el asunto.»

El otro biógrafo, o sea mi muy querido amigo don Mariano Catalina, individuo de número de la Real Academia Española, amplifica y comenta del siguiente modo la historia de aquel deplorable suceso:

«El Occidente, La Discusión, El Criterio, La América, El Museo Universal, El Semanario Pintoresco, La Ilustración, El Eco Hispano Americano, El Mundo Pintoresco, El Correo de Ultramar y otros muchos periódicos, participaron de la fecundidad de nuestro escritor; y los artículos de costumbres, las novelas, las revistas locales y de viajes llevaron su nombre con aplauso por toda la Península. No descuidó tampoco el teatro, antes bien dedicó a la crítica dramática una buena parte de su tiempo, siendo por algunos años el terror de los literatos que escribían para la escena, pues su crítica era severa, acerada, aguda y nutrida de lógica y sólido razonamiento. Muchos disgustos le valió el cultivo de este género de literatura, que siempre lastima la susceptibilidad de los criticados; pero el mayor de todos lo recibió cuando quiso que se representara una obra dramática que acababa de escribir.

A fines del año de 1857 se anunciaba en los carteles del teatro del Circo un drama titulado El hijo pródigo. Llenóse la platea, la noche del estreno, de periodistas, poetas y artistas de todas las categorías y condiciones, y de aficionados a las primeras representaciones, en quienes la de aquella noche había excitado mayor curiosidad... Aun antes de levantarse el telón... ya se veía el espíritu de hostilidad que dominaba en una gran parte de los que habían de juzgarle: los chistes de unos, las hipócritas e intencionadas alabanzas de otros, los ataques no disimulados de aquellos que deseaban vengarse del crítico que tan severamente había juzgado sus obras, y el desdichado carácter español, propicio siempre a dejarse arrastrar por el camino que más perjudique al compatriota que se eleva, formaban aquella noche una atmósfera tan contraria a la obra de Alarcón, que bien a las claras se veían las malas condiciones con que penetraba en el palenque dramático, y, sin esperar a que se alzara el telón, podía asegurarse que el drama tenía que luchar con elementos contrarios y con diez probabilidades de éxito contra noventa. El drama, sin embargo, impuso silencio a sus detractores; se apoderó desde el principio de una parte del público; reconcilió después con otra a su autor, y, por último, arrancó ruidosos aplausos. Alarcón fue llamado a la escena repetidas veces, salvándose la obra y proporcionándole un triunfo legítimo. Pero si la colectividad había sido vencida y subyugada, las individualidades tenían aún recursos para impedir que el autor gozase de las ventajas de la victoria; y, en efecto, al día siguiente muchos periódicos lanzaban apasionadas críticas del drama, ocultando la verdad del éxito unos, afirmando que no lo había tenido otros, desfigurando su argumento algunos, tachándole de inmoral no pocos; cuál aseguraba que había sido silbado; cuál otro que los aplausos eran comprados; aquél, que nadie asistía al teatro aunque los carteles seguían anunciando El hijo pródigo; éste aconsejaba que se dejase de ir al Circo; en fin, el clamoreo fue tal y tan contradictorio, que la opinión no pudo formar verdadero juicio de la obra...

Profundamente herido Alarcón con la confabulación que la injusticia, la envidia y la venganza habían tramado contra su drama, resolvió retirarlo de la escena y no autorizar jamás su representación. Veinticuatro años han pasado, y ni ha vuelto a escribir para el teatro, ni ha consentido, por más instancias que se le han hecho, la representación de El hijo pródigo, obra que, no estando libre de defectos, tiene cualidades relevantes, y a la cual profundos críticos, que la han juzgado años después, le han señalado el puesto que merecía en las letras y que le habían negado los criticados que presenciaron su estreno.

VII. Viajes por España

Al final de la obra que lleva este nombre hay un artículo titulado Cuadro general, etc., que sirve de eslabón o tránsito para llegar a otro volumen que estoy concluyendo, y publicaré muy en breve bajo la denominación de Más viajes por España.

En dicho artículo explico a los lectores todo lo que pudiera decirles aquí respecto de ambas obras: me remito, pues, a él enteramente, y paso a tratar de otros libros míos, con igual brevedad, si es posible, como muy ansioso que estoy de llegar a explicarme acerca de La Alpujarra de El Escándalo, de El Niño de la Bola y de La Pródiga, para desagravio de la verdad y de la justicia, maltratadas por algunos señores fiscales de lo temporal y de lo eterno, en su examen de estos cuatro libros.

VIII. Juicios literarios y artísticos

Las opiniones mías encerradas en este volumen abarcan toda mi larga vida de escritor. Sin embargo, obedecen a un solo criterio: al mismo que tengo en mis maduros años en punto a Buenas Letras y Bellas Artes.

Es decir, que la tesis de mi Discurso de entrada en la Real Academia Española; aquella tesis, calificada por espíritus apasionados o ligeros como una retractación o apostasía, no fue más que la confirmación o resumen de los mismos principios que proclamé, hace veintisiete años, en el artículo Los Pobres de Madrid (1857), y confirmé en él de Fanny (1858), en contra del naturalismo, del vulgarismo y del realismo sin argumento moral, que ya comenzaban a corromper la literatura francesa.

He demostrado, pues, siempre en la práctica (como ya habréis deducido del precedente examen de mis Novelas Cortas), y he proclamado siempre en teoría (según lo prueban los artículos de que hablo ahora), profundo amor al arte y a la literatura de nobles formas externas y de buena enseñanza íntima, o sea al consorcio de la Belleza y de la Moral. Porque es de advertir que en mi citado discurso académico no declaré ni remotamente (aunque tal me atribuyeran los que no entienden lo que oyen, o los que se hacen los tontos cuando les conviene) que la Moral fuera artística por sí sola... sino que tuve buen cuidado de establecer que lo bueno, en el sentido ético de la palabra, necesitaba, para convertirse en artístico, ser al propio tiempo bello en la aceptación didáctica de esta calificación.

He aquí, por si alguien lo duda, una de las fórmulas de que me valí, al condensar ante la Academia mi pensamiento (pág. 56 del tomo que analizo): «Si la Moral NO PUEDE considerarse como EXCLUSIVO criterio de belleza artística, tampoco puede haber belleza artística INDIFERENTE a la moral, a menos que se niegue la indivisible UNIDAD de nuestro espíritu.» Y antes había dicho (pág. 17):... «La distinción no arguye contradicción, y si bien consideramos como DISTINTAS esas tres ideas supremas (VERDAD, BONDAD Y BELLEZA), las contemplamos en una armónica UNIDAD absoluta, donde no cabe ANTAGONISMO: afírmanse, por tanto, mutuamente, lejos de contradecirse, y se reflejan unas en otras, cual nobles hermanas de sorprendente parecido.»

¡No alcanzo a comprender cómo, refiriéndose a un discurso tan claro, hubo quien afirmase en letras de molde que, «según mi criterio, todo rasgo de honradez sería una obra de arte, de tal manera que un cuadro en que el pintor representara la limosna, merecería el dictado de bello, en el sentido estético, aunque estuviese pintado contra todas las reglas de la pintura!... ¡Digo a Vdes. que se necesita paciencia para ser literato, orador, pintor o cualquier otra cosa fina, en un país donde la crítica tiene esas entendederas o esa buena fe!

¡Afortunadamente, yo aprendí de muy niño a reírme, como un bienaventurado, en ciertas circunstancias que suelen hacer llorar a casi todos los hombres!

IX. Diario de un testigo de la guerra de África

En buen hora lo diga, de nada tengo que lamentarme por lo relativo a esta obra. El patriotismo de la Nación entera se sobrepuso a toda consideración literaria o artística, y sin reparar, ni aun los escritores más cultos, en los naturales defectos de un libro tan dificultoso, improvisado, ora al aire libre, ora bajo la tienda de campaña, ora en camarines de moros y judíos, prodigáronme, aplausos y obsequios que, en puridad de verdad (lo reconozco), no iban dirigidos a mí, sino al heroico Ejército cuyas proezas me cabía la gloria de presenciar y referir diariamente.

Dos indicaciones tan solo haré acerca del éxito de aquella crónica, publicada por entregas, con la celeridad de un periódico, durante los días de mayor angustia y entusiasmo de la madre Patria... Son las siguientes:

A cincuenta mil ejemplares llegó la tirada hecha en Madrid por las prensas de mis buenos amigos los señores Gaspar y Roig (hoy difuntos); y como el precio medio de cada ejemplar ascendió a cincuenta reales, resulta que la obra produjo dos millones y medio. Es decir, que, deducidos gastos de impresión, y aunque aquellos señores se portaron conmigo espléndidamente (pues que, motu proprio, me dieron doble cantidad de la contratada), el beneficio líquido del negocio pasó, para ellos, de noventa mil duros.

La segunda prueba material que tuve del éxito del Diario de un testigo de la guerra de África fue que, el día que salí de Tetuán para España, me vi obligado a quemar más de veinte mil cartas de personas para mí desconocidas, quienes me habían escrito desde todos los ámbitos de la Nación, hablándome de la guerra y de mi obra en términos tan semejantes, que sus cariñosas epístolas parecían copias de un solo original redactado por el amor patrio. Y las quemé, porque ocupaban dos grandes baúles, de difícil acarreo en tales circunstancias, y porque, tratándose de unos papeles que en cierto modo se asemejaban a lo que llamamos «Gloria», consideré muy natural y propio darme con ellos un gran baño de humo... Reciban, empero, aquí nuevamente todos aquellos favorecedores (aun los diez o doce mil que ya habrán pasado a mejor vida) las gracias que entonces les tributé del único modo posible, o sea por medio de cierto comunicado que mandé a los periódicos de esta Corte.

Acerca de lo demás que ahora pudiera exponer como respuesta a innumerables preguntas manuscritas, o como rectificación de varias equivocaciones impresas, para que todos quedasen enterados de cómo en África pude ser, áun mismo tiempo, testigo ocular de lo que cada día pasaba en nuestros varios Cuerpos de Ejército y soldado raso del Batallón Cazadores de Ciudad-Rodrigo; de cómo iba a caballo, siendo de infantería; de cómo senté plaza, cuando ni mi familia ni yo éramos del todo pobres; de qué puesto ocupaba los días de acción, etc., etc., remítome y refiérome completamente al Prólogo titulado Historia de este libro, que hace cuatro años puse al frente de la segunda edición del mencionado Diario de un testigo de la guerra de África; edición en que incluí también copia literal y legalizada de mi Licencia absoluta y de mi Hoja de servicios, para mayor autoridad y crédito de la única Historia fidedigna, exacta y cabal que hasta hoy existe de tan gloriosa empresa.

He agregado además, al final de dicha segunda edición, un Apéndice, que se titula «Nombres de los Generales, Jefes y Oficiales de todas armas e institutos del Ejército de África, que murieron en los campos de batalla, o por resultas de heridas o de enfermedad, desde el comienzo de la guerra hasta 1.º de Abril de 1860.»

Por último: he publicado allí mismo un «Resumen numérico de las bajas que por muerte o heridas ocurrieron EN TODAS LAS CLASES militares durante la campaña», según datos oficiales del Gobierno.

Eran homenajes debidos a todos los buenos hijos de España que vertieron su sangre en defensa del honor nacional. Y, aunque la mención de las clases de tropa no se hace más que en descarnadas cifras aritméticas, o sea por medio de fríos guarismos, todavía cada suma es como epitafio colectivo de tantos o cuantos héroes anónimos, y da, por ende, favorable ocasión a las piadosas bendiciones de la Patria.

X. De Madrid a Nápoles

Dos copiosísimas ediciones se han hecho de esta obra: la una en 1861, y la otra en 1878; ambas por la antigua casa Gaspar y Roig: la primera con grabados intercalados en el texto, y la segunda con láminas aparte; grabados y láminas procedentes de fotografías adquiridas por mí en cada localidad que visitaba.

Este libro De Madrid a Nápoles, lo mismo que el mencionado Diario de un testigo, y que La Alpujarra, de que hablaré en seguida, fue redactado verdaderamente en los propios sitios o ante las propias obras de arte que menciona, y tanto es así, que aun conservo los álbumes de bolsillo en que fuí apuntando con lápiz, muy extensamente y d'après nature, los caracteres, rasgos fisonómicos y circunstancias accidentales de cada cosa, así como los arranques, exclamaciones o juicios de impresión que me inspiró a primera vista. En ferrocarril, en silla de postas, a caballo, en mulo, embarcado, marchando a pie; dentro de los museos, en mitad de plazas o calles, en las iglesias, en los cafés, en los palacios de los Reyes, en las estaciones y posadas del camino; donde quiera que veía, pensaba, sentía o me contaban algo, allí tomaba nota de ello, con todos sus pelos y señales, o bien con el color material o sabor moral de la realidad fehaciente, y no otro es el secreto de lo muchísimo que se leen (si los libreros no me engañan en perjuicio suyo) mis crónicas de soldado o de caminante. Nada hay en ellas que no sea cierto, natural y espontáneo: nada que no haya dimanado inmediatamente de la actualidad o presencia de los hechos, sin compostura ni artificio literario de ninguna especie, tratárase de lo trivial o tratárase de lo sublime, y no reparando en las risas y lloros, cánticos y burlas, preces y crueldades, se sucedían con aquel desorden e incongruencia que son tan propios de la terrestre vida.

En esta crudeza y confusión, muy semejantes a lo que hoy se llama naturalismo, estriba en mi entender la diferencia esencial, y que nunca se recomendará demasiado, entre las narraciones de viajes y las de mera imaginación. Los relatos de imaginación, particularmente las novelas, deben ser fruto de la realidad humana, sazonada por la reflexión, la filosofía y el arte: las confidencias del viajero deben parecer fotografías escritas. Y de este modo, el que lea la historia de tal o cual peregrinación, llegará a figurarse, por resultas de la verosimilitud y franqueza de los fenómenos materiales o morales presentados ante su vista, que él y no otro es quien está viajando, mirando y sintiendo, pues que su instinto le persuade de que aquellos acontecimientos y emociones están lógicamente encadenados por la invariable Naturaleza, y no por la fría erudición ni por la soñadora fantasía de ningún literato.

Como ni un ápice de lo que estoy diciendo cede en elogio de mi libro De Madrid a Nápoles, sino que, muy al contrario, todo ello demuestra la sencillez del sistema y método que tan excesivas ventajas me ha proporcionado, no tengo inconveniente alguno en declararlo, para aprovechamiento de principiantes y neófitos. Por cierto que, entre esas ventajas, distinguiré siempre, como la mayor, un cariñoso artículo que el insigne don Ramón Mesonero Romanos (el Curioso Parlante) publicó en La Ilustración Española y Americana, haciendo de este mi libro de viajes cuantas celebraciones pudiera apetecer el escritor más sediento de aplauso, aunque el aplauso fuese indebido. Indebido me pareció, en efecto, aquel extraordinario elogio, por más que la temeraria sinceridad de mi carácter, negado a todo género de ficción, me haya valido la nota de inmodesto (nota que para mí equivale a la de ingenuo y franco, pues que jamás topé con ninguna verdadera modestia en el escenario donde voluntariamente se exhiben literatos y artistas), y alégrome, por ende, de haber podido aliviar hoy mi conciencia revelando, como acabo de revelar al público, el facilísimo procedimiento que empleé en aquella y otras obras, mediante el cual, en lo sucesivo, todo bicho viviente que tenga ojos, oídos y una pluma, podrá escribir interesantísimas crónicas de viajes, mientras que se apolillen en las librerías, cerrados y mudos, los itinerarios estadísticos, simétricos y cabales, escritos sobre datos muertos de una erudición trasnochada, o los relatos (que también puede haberlos) de impresiones... ajenas, vestidos con ditirambos propios, donde todo sea bonito y artificial, como en las tiendas de flores de trapo.

Libros a la carta

A la carta es un servicio especializado para
empresas,
librerías,
bibliotecas,
editoriales
y centros de enseñanza;
y permite confeccionar libros que, por su formato y concepción, sirven a los propósitos más específicos de estas instituciones.

Las empresas nos encargan ediciones personalizadas para marketing editorial o para regalos institucionales. Y los interesados solicitan, a título personal, ediciones antiguas, o no disponibles en el mercado; y las acompañan con notas y comentarios críticos.

Las ediciones tienen como apoyo un libro de estilo con todo tipo de referencias sobre los criterios de tratamiento tipográfico aplicados a nuestros libros que puede ser consultado en Linkgua-ediciones.com.

Linkgua edita por encargo diferentes versiones de una misma obra con distintos tratamientos ortotipográficos (actualizaciones de carácter divulgativo de un clásico, o versiones estrictamente fieles a la edición original de referencia).

Este servicio de ediciones a la carta le permitirá, si usted se dedica a la enseñanza, tener una forma de hacer pública su interpretación de un texto y, sobre una versión digitalizada «base», usted podrá introducir interpretaciones del texto fuente. Es un tópico que los profesores denuncien en clase los desmanes de una edición, o vayan comentando errores de interpretación de un texto y esta es una solución útil a esa necesidad del mundo académico.

Asimismo publicamos de manera sistemática, en un mismo catálogo, tesis doctorales y actas de congresos académicos, que son distribuidas a través de nuestra Web.

El servicio de «libros a la carta» funciona de dos formas.

1. Tenemos un fondo de libros digitalizados que usted puede personalizar en tiradas de al menos cinco ejemplares. Estas personalizaciones pueden ser de todo tipo: añadir notas de clase para uso de un grupo de estudiantes, introducir logos corporativos para uso con fines de marketing empresarial, etc. etc.

2. Buscamos libros descatalogados de otras editoriales y los reeditamos en tiradas cortas a petición de un cliente.

Printed in Poland
by Amazon Fulfillment
Poland Sp. z o.o., Wrocław